JN438620

산의 밀어 密語

산의 밀어 密語

최정윤 수필집

수필과비평사

책머리에

어릴 적 눈이 오는 날을 좋아했어요.

산골마을에 하얀 눈이 덮이면 고요하고 평화로웠어요.

나뭇가지마다 순백의 눈꽃이 맺히면 동생들과 대문을 활짝 열고 나가 사랑 마당가에 웃음 짓는 눈사람을 만들며 즐거워했어요.

내 머리가 백발이 되니 안으로 쌓은 성이 무너지며 눈 덮인 날처럼 한 없는 평온과 여유로움이 찾아왔어요.

칠십을 바라보며 글마당에 들어섰지요. 그러나 '노인은 과거에 산다'는 말이 있듯이 어린 시절 기억의 편린들이 다가서 회고의 글이 되었어요. 책을 내려는 생각을 않았지요.

교수님의 지도와 격려에 감사드리며 늘 부추겨 주신 분들, 함께하는 분들께 고마운 미소를 드리며 부족한 글들을 모았습니다.

차례

| 제2부 | 잉카의 뒤안길에서

| 제3부 | 달빛 속에서

| 제4부 | 파문을 바라보며

제1부

빨강 주머니

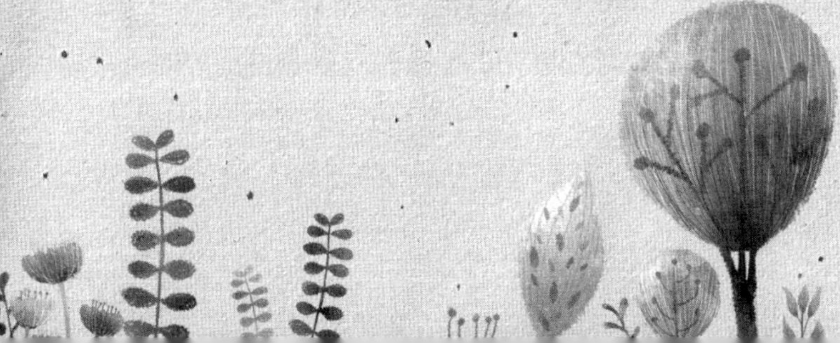

수의 조각

베 조각을 보며 감회에 젖는다. 콩알보다 큰 조각들을 주워 손바닥에 모으며 할아버지의 모습을 떠올린다. 유해 아래에는 크고 작은 베 조각이 강직했던 할아버지의 성품이라도 말해 주려는 듯 군데군데 남아 있다. 돌아가실 당시, 한국동란으로 할아버지의 유해는 급하게 공동묘지에 모실 수밖에 없었다. 이제 할아버지의 유해를 공원묘지로 이장하기 위해 자손들이 모두 모였다. 삭다 만 삼베 조각을 손에 쥐고 하늘을 우러러 본다. 이 베는 내가 어려서 짠 할아버지의 수의인 것이다.

도회지에서 살고 있던 나는 산촌마을로 이사를 해 와서, 바로 그해에 초등학교에 입학했다. 모든 것이 생소했다. 생활환경이 전혀 달라 어려웠다. 그때 어린 가슴에 울림으로 다가온 소리가 베 짜는 소리였다. 그 소리는 첫 닭이 울기도 전부터 짤깍 짤깍 다가와 잠에 취한 내 귀를 어루만졌다. 밤이 이슥하도록 울던 소쩍새로 뒤척이다가 겨우 잠이 들면 그 소리가 찾아와 나를 깨웠다. 고요를 가르며 나직이 들려오는 소리는 청량하게 내 귀를 파고들었다. 맨 처음 그 소리는 산촌에 대해 어수룩한 만큼 멀게 들렸지만, 시간이 지나면서 그것은 나의 생활 속으로 점점 다가왔다. 나는 그렇게 시골 생활에 익숙해져 갔다.

생소한 산촌 생활에서 힘이 된 것은 할아버지의 엄하신 교육이었다. 자애롭고 엄하신 할아버지의 사랑은 나에게 큰 힘이 되었다. 언제나 할아버지는 맏손녀인 내게 특별한 애정을 주셨고 임무를 요구하셨다. 나 또한 할아버지의 배려를 남달리 인식하며 살았다. 늘 할아버지는 우주만물의 음양 조화를 중시하시며, 그것의 순환을 가르쳐 주셨다. 매사에 최선을 다하여 조화를 이루는 삶을 말씀하셨다.

그 시절 여자들의 삶은 참으로 고달팠다. 집안일은 모두 여자 몫이었다. 밥 짓고 빨래하고, 청소하고, 그리고 농사철에는 밭에 나가 밭매기도 했다. 그 뿐만이 아니라 양식은 손수 절구질하여 먹었다. 눈코 뜰 새 없이 바쁜 농사철에는 길쌈은 주로 새벽에 했다. 새벽에 베를 짜지 않으면 틈을 낼 수가 없었다. 그러나 그것이 힘들다고 투정부릴 처지가 아니었다. 아무리 어려워도 기쁨을 간직하고 살았다. 맡겨진 삶의 조화를 위해 최선을 다하는 데서 오는 기쁨이라고나 할까. 역시 땀이 열매로 맺는 기쁨은 여유가 있었다.

베를 짜게 되기까지 길쌈 기간도 길었다. 밭에 삼씨를 뿌려 가꾸고 다 자라면 베어 껍질을 벗긴다. 그것을 가늘게 째고 삼아서 길게 이어 준다. 이때는 이웃끼리 품앗이를 해서 여러 사람이 모여 이야기꽃을 피우기도 했다. 무릎에 놓고 잇기에 그곳이 벌겋게 벗겨지기도 했다. 그 이어진 베실을 날아서 풀을 먹여 솔로 비껴가며 매서 뱁대를 끼워 도투마리에 감아 베틀에 올려서 짜게 된다.

하늘에다 베틀 놓고,
구름 잡아 잉에 걸고.
청배나무 보두 집에 바자나무,
북에다가 얼렁 철렁 짜니낭깨.
뒷집 할머니 불싸러와서,
그 베짜서 뭐 할랑가.
우리 오빠 장가갈 때,
청포도포 해줄라네.

내가 초등학교를 졸업할 즈음, 우리 집에서도 할머니가 젊은 시절 경험을 살려 명주, 삼베길쌈을 했다. 할아버지의 수의를 마련하기 위해서였다. 이때다 싶어 수의감은 내가 짜겠노라고 베틀에 앉았다. 도투마리에 감겨 올려놓은 베실은 잉아올과 사올로 구분되어 참빗살 같은 바디구멍을 통과시킨다. 잉아는 날실을 한 칸씩 걸어서 끌어 올리도록 맨 굵은 실로 잉앗대에 매었다. 발로 베틀신을 앞으로 당기고 풀 때마다 잉아올과 사올이 서로 교차되면서 입을 벌리듯 공간이 생겼다. 그 사이로 북을 밀어 넣으면 씨실이 북 속에 담긴 꾸리에서 풀려나와서 지나간다. 그때 바디를 감싸 안은 바디집을 한 손으로 잡고 앞으로 당기면 짤깍 소리를 내면서 베가 짜진다. 그 베를 말코에 감고 양쪽 끝에 부티허리끈을 매어 허리에 두르면 앉을개에 앉아 있는 몸이 균형이 잡히고 짱짱해져서 허리에 힘이 된다. 베를 짜는 것은 단순한 과정의 반복이다. 양손이 북과 바디집을 번갈아 잡아가며 민첩하게 움직이는 협동에서 날줄이 끊기는 일이 없이 베가 짜진다.

이렇게 나는 어린 나이에 할아버지의 수의감을 길쌈했다. 정성들여 길쌈을 하면서도 씨줄과 날줄을 음양 관계로 인식하며 할아버지의 교훈을 가슴에 새겼다. 손과 발이 제몫을 다하는 조화를 이룰 때 베는 짜여졌다. 베틀에서 한올 한올 짜여 한뼘 두뼘 불어나 필목이 되는 것은 신선한 기쁨이었다. 할아버지의 수의감을 짜며 나는 무척 기뻤다. 그분의 깊은 사랑에 보답한다는 흐뭇함도 있었고, 한편 아릿한 아픔이 가슴을 스치기도 했다.

그 수의 조각을 오랜 세월이 지난 후에 이장하면서 할아버지의 유해 아래에서 주워서 바라보고 있다. 그 긴 세월 동안 손녀의 사랑을 고이 간직하고 계셨던 할아버지의 사랑이 가슴 깊이 스며드는 순간이다. 내 생활이 이지러지면 가끔씩 음양의 조화에 맞게 살기를 이르셨던 할아버지의 교훈이 지금도 강렬하게 내게 전달되고 있다.

어제도 빠름만 추구하다가 피곤에 겨워 잠이 든 것 같다. 깊은 잠의 늪에서 헤어 나오지 못하고 있는데, 무거운 몸을 일으켜 세우는 소리가 들린다. 짤깍짤깍, 베 짜는 소리다. 이 소리는 요즈음 세태에 절어가는 나의 생활에 경종이 되어 진지한 삶을 가지라 주문하고 있다. 여유를 가지고 깊이 사유하지 못한 지난 세월의 삶을 곱씹어 반성해 보라고 나를 무섭게 타이르고 있다.

발과 신발의 소고小考

발에 관심을 갖는다. 역이나 버스 정류장에서 차를 기다릴 때, 사람들의 차림새나 얼굴보다는 발을 먼저 본다. 신을 신고 있으니 신발을 본다는 것이 맞는 말일까? 세상 모든 것이 급속히 변해가니 비단 신발뿐이 아니겠지만, 젊은이들의 신발을 보면서 언제 이렇게 변했는가 하고 신기해 한다.

옛날엔 구두가 거의 일률적으로 앞이 뾰족했다, 뭉툭했다, 유행의 변화가 단순했다. 지금은 개성에 따라 색깔과 모습이 가지각색이다. 발끝보다 십여 센티는 앞으로 나온 송곳같이 뾰족한 구두끝은 만원버스에서는 무기처럼 보인다. 군함처럼 크고 뭉툭한 구두에 밟히면 어쩌나 우려를 하기도 한다. 앞으로도 발의 뜻과는 관계없이 유행 따라 또 변해가겠지, 생각하며 발과 신발에 있었던 많은 추억들을 돌아본다.

십대 전후 시골에서 살았다. 짚신, 고무신, 나막신에 대한 향수가 짙다. 먼 산에 나무하러 가는 촌부들의 지게 목발에 대롱대롱 매달린 짚신을 보며 신기해했다. 허름하게 삼은 짚신은 산에서는 하루도 못 견디고 해어진다. 나는 짚신을 신어보고 싶었다. 집에는 짚신이 없었다. 부러워만 하다가 어느 날 친구 집에서 그의 아버지가 짚신 삼으시는 것을 유심히 보고 왔다. 눈여겨 본 대로 짚신을 삼아서 신고 동네로 자랑을 하러 나갔다. 돌아와서 보니 발뒤꿈치 양쪽이 벗겨지고 피가 났다. 며칠 간 발이 아파서 신을 못 신고 고생을 했다. 그 뒤로는 짚신을 신어보지 못했다.

어릴 적에 하얀 버선을 늘 신었다. 버선볼을 어찌나 좁게 지었는지 신을 때 진땀이 났다. 버선을 신을 때는 버선목을 잡고 방 네 귀퉁이를 헤매며 신어야 버선 신는 맛이 있다는 말을 듣곤 했다. 요즈음처럼 비닐이 있었으면 참 수월했겠다는 생각을 한다. 너무 볼 좁은 버선을 신고 발에 감각이 없어 고무신이 벗겨진 줄도 모르고 한참을 걸어 갈 때도 있었다. 여자 발은 오이씨발, 채발이어야 한다며 작고 예쁜 발을 선호한 탓인 것 같다.

작은 발 하면 옛날 중국여자들의 전족이 생각난다. 여자 발을 인위적으로 작게 하기 위해 묶던 풍습이다. 발꿈치에서 발끝까지 약 십 센티 정도가 이상형이었다고 한다. ≪대지≫라는 소설에서도 어린 딸이 전족을 하기 위해 발을 조일 때 아파서 울면 이래야 커서 사랑 받는다고 달래는 장면이 나온다. 이것은 남존

여비 사상에서 연유하겠지만, 발을 작게 한다는 뜻은 모권사회에서 쿠데타를 한 남성들이 모권의 반혁명을 막기 위해 활동을 마비시키고자 발에 가한 고문이었다는 유래가 있기도 하다.

발은 몸의 무게를 떠받치고 땅을 밟으며 걷는다. 참 힘든 노동이다. 눈과 손에서 멀어 별로 관심이 없었다. 육십을 넘어서자 나의 양발바닥 옴폭한 부분에 녹두알만 한 몽우리가 생기더니 점점 커져 대추알만해졌다. 통증도 있었다. 그때부터 당황했고 발에 관심을 가지게 되었다. 다행히 의술 덕으로 양발바닥을 수술했고 지금은 걷는 데 지장이 없다. 이것은 발에 관심이나 사랑이 없이 혹사시킨 탓이라 생각하며 미안한 마음이었다. 그 후 발에 대한 고마운 추억들을 회상해 보곤 한다.

한국동란 당시 버스가 잘 다니지 않을 때, 삼십 리 길을 걸어서 학교에 다닌 적도 있다. 그때도 발은 충실하게 제 몫을 다해 주었다. 산을 좋아하던 내게 언제나 불평하지 않고 준험한 산행에도 늘 따라 주었다.

그뿐 아니라 오리발이 되었던 어느 초겨울 날을 잊을 수 없다. 시골에는 논 한 귀퉁이에 생수가 솟는 작은 웅덩이가 더러 있다. 초등학교 때 사내애같이 용감하고 재미있는 친구가 있었다. 하루는 그 친구가 놀러 와서 웅덩이의 물을 품어 미꾸라지를 잡자고 우겨댔다. 좀 벅차다는 생각을 하면서도 집에서 양동이와 바가지를 가져다가 그 웅덩이의 물을 품었다. 미꾸라지는 많이 잡았다. 그런데 내 발이 빨갛게 오리발이 되어 걸을 수가 없었다. 마른 잔디에 누워 쥐가 난 빨간 발을 잡고 차가운 하늘을 보며 뒹굴었다. 그날을 돌아볼 때 다시 한번 발에 미안한 마음이 든다.

사람들은 부해지거나 귀해져 환경이 변하면 자칫 자만해지기 쉽고, 전에 하던 일을 외면하기 쉬운데 발은 늘 순직하다. 차가 많아져서 몇 분 거리도 차를 타고 다니니 발은 편해졌다. 그러나 건강에 좋으니 산에 오르자고 해도, 뛰자고 해도, 잘 따라준다. 남이 알아주지 않아도 묵묵히 자신의 몫을 다하는 발의 마음을 닮고 싶다.

스승이 제자들의 발을 씻어주시는 모습, 섬김과 겸손의 본이 된 그 모습의 성구聖句를 명상하며, 사랑과 평화의 아름다운 세상을 그려보곤 한다.

이제는 발을 씻을 때라도 발가락 사이사이, 발바닥을 사랑스러운 손길로 정성 들여 씻는다. 내 의사와는 상관없이 발이 편안하게 느낄 수 있는 신발만을 신는다.

사십삼 년 만의 해후

지리산 노고단에서 화엄사로 다시 넘게 된다는 기대에 마음이 설렌다. 아까부터 몸은 차에 맡겼지만, 기억은 세월을 거슬러 그적의 화폭 속을 달린다.

1968년 10월 24일, 유엔데이. 공휴일을 전후해서 삼박사일의 산행일정을 잡고 출발했다. 버스도 기차도 손님을 가득 싣고 느릿느릿 완행으로 달려 구례역에 도착했다. 역에서 무거운 배낭을 메고 먼 길을 걸어서 버스정류장에 도착하니 화엄사행 버스가 없었다. 두어 시간 기다려서 지금의 봉고차 비슷한 차에 겨우 탑승했다. 비좁기 그지없는 차 안에서 불편함도 참아내며 화엄사에 도착하니 해는 이미 산 너머로 지고 있었다.

산악반 학생들은 그저 좋아라 하며 야영할 자리를 찾아 텐트를 쳤다. 저녁을 지어 먹고 이십여 명의 대가족은 저마다 텐트 안 자기 방을 찾아 들었다. 산새가 울고 가을 풀벌레들의 합창이 산골짝의 고요한 밤을 가르고 있었다. 나는 어린 시절 산골 마을에서 살던 기억 속의 편린들이 밀물처럼 밀려와 꿈길 같은 밤을 보낼 수 있었다. 세월의 옷을 어떻게 갈아입었을까.

차가 성삼재에 올라보니 헤일 수 없이 많은 차들이 쉬고 있다. 성삼재에서 노고단까지 울창한 숲속으로 넓게 뚫린 신작로다. 많은 사람들의 발길에 어울려 한 시간쯤 지나 노고단 휴게소에 도착해 보니 신작로 가에 휴게소, 슈퍼, 곳곳에 쉼터와 편의시설이 있다. 고속도로 휴게소인 듯한 느낌, 너무 많은 변화에 깜짝 놀랐다.

맑은 물이 꽐꽐 흐르던 도랑은 사라져 흔적도 없다. 그 물길은 땅에 묻혔는지 휴게소 앞 수도꼭지에서는 계속 물이 나와 흘러넘친다.

그적엔 넓고 평평한 분지에 도랑물이 흐르고 허물어져 뼈대만 서 있는 옛 외국인 별장 터를 지나 방 서너 칸이 있는 초막집이 있었다. 산에서 약초를 채취하는 이들의 거처였는데 순박한 흰옷 입은 아저씨들은 친절히 방 하나를 우리에게 내어주고 큰 솥에 우리 밥도 함께 짓게 했다.

여자들은 그 방에서 등이 따스한 밤을 보내고 아침에 깨어보니 눈이 온 산에 하얗게 쌓여 있다. 학생들은 활짝 웃는 눈사람을 만들어 놓고 눈싸움을 하며 즐겁게 뛰논다. 노고단 상봉까지 하얀 눈길을 단숨에 올라 눈덩이를 서로에게 던지며 즐거워하는 학생들. 이곳에만 내린 눈이 우리를 위해서인 듯하여 마냥 고마웠다.

오늘은 동생네가 다니는 교회 산악회를 따라갔다. 칠십여 명의 회원을 노고단에서 산행으로 화엄사까지 가고, 산행이 어려운 회원은 성삼재로 내려가 버스로 화엄사까지 가기로 했다. 교인들은 머리 하얀 할머니가 산행을 할 수 있을까 걱정하며 나를 바라본다. 그들의 걱정을 아랑곳하지 않고 앞서 화엄사를 향해 산길을 내려왔다. 내 의지로 추억이 잠긴 길을 가리라 자신했다.

길은 욱 자란 나무들로 그늘을 이루었고, 사람들의 손길로 많이 다듬어져 있다. 그 길은 오르고 내려오는 사람들의 발길로 붐볐다.

잠시 쉬는 동안 산과 계곡을 보며 귀를 기울인다. 산은 단풍옷으로 갈아입어 가는 울창한 옛 산인데, 산의 소리들이 잠들어 있다. 어느 산 계곡보다 넓고, 돌들로 채워져 크고 작은 바위가 우뚝 서 있는가 하면 멍석을 몇 장 깔아도 남을 넓은 사랑마당 같은 반석은 그대로 남아 있다.

그 옛날 형형의 돌벽을 후리치며 떨어지던 물소리를 들을 수가 없다. 전시장같이 늪고 서서 물을 머금고 물보라를 내기도 하고, 폭포가 쏟아져 그 물소리들이 색다른 연주를 했었다. 질세라 새들이 쉬어 가라는 양 지저귀곤 했다. 물소리 새소리 바람소리 자연의 향연을 펼쳐 놓은 데에 빠져들어 내려오는 데 하루를 소비했다.

이곳은 높은 데라서 그런지 계곡의 바위들은 오래 물기를 머금지 못해 목이 말라 하늘만을 바라보고 있는 듯이 느껴진다. 세월 속에서 탈색한 바위들이 내 머리털을 닮은 양 하얗다. 바닥까지 하얗게 바랜 목마른 계곡을 내려다보며 허전한 마음을 안고 일어섰다. 그때 초면인 사람이 다정한 표정으로 내 손을 꼭 잡고 걸어준다. 조심스러운 내리막길에서 손을 잡아준 교회 집사님 덕분에 안전하고 즐겁게 걸었다. 요즈음 젊은 여인들은 옆을 보지 않는다는 관념을 뛰어 넘어 가슴이 훈훈하고 따스해진다.

문명은 편의를 주고 여유를 주었지만, 지하수가 메마르고 금수禽獸가 줄고, 흙길의 순수함이 사라져 아쉬움만이 머문다. 그때 사십삼 년 전에는 산행하는 이가 우리 일행밖에 없었는데, 지금은 셀 수 없이 많은 발자국을 머금고 있는 산은 어떤 생각을 할까?

화엄사 근처에는 개울물도 흐르고 새소리도 있으나 화엄사 초입에 신축한 건물이 웅장하게 서서 낯이 설다.

삼박사일 일정으로 다녀간 길을 하루에 둘러보며 많은 생각에 잠긴다. 장엄한 산에서의 조화는 자연의 융합된 아름다움이다. 가식 없는 산의 진실을 음미하지 못하고 떠나는 아쉬움이 있다. 지리산 품은 넓다. 많은 이들의 뜻을 받아 쉬어가게 하니……. 나에겐 따뜻한 품이었다. 사랑의 손길을 예비함에 감사하며 미소를 머금고 왔다.

인연

오랜 사귐이 없어도 스쳐지나가는 만남에서 마음이 가는 이가 있다. 긴 이야기가 서려있을 듯하여 다정하게 다가서고 싶은 사람, 소망의 집을 방문할 때마다 눈인사로 지나쳤을 뿐 이야기를 나누지 못했다. 차를 편승하여 갔기에 늘 시간이 없었다. 오늘 소망의 집 섬김이, 만나고 싶던 고 자매가 와서 긴 이야기를 나누었다. 그는 대학을 졸업한 후 교사발령도 마다하고 십육 년여를 봉사하고 있다. 조용하고 선한 모습, 사람은 말이나 글보다 얼굴이나 분위기가 그의 삶을 잘 그리고 있음을 실감할 수 있었다.

소망의 집은 사랑의 집, 기적의 집, 하나님이 함께하시는 집이다. 원장 자신이 대학 일학년 때 행글라이더 사고를 당해 사지마비 장애 1급이다. 그가 장애 후 기독교에 귀의하여 오직 믿음으로 새롭게 다시 나 소망의 집을 운영하고 있다. 그곳엔 고 자매와 원장 사모님 등 청춘을 온전히 장애인들을 위해 사랑으로 헌신하는 이들이 있기에 아름다운 집이다. 사람이 세상에 태어날 때 그 사람에게 부여된 신의 뜻이 있다고 생각한다. 그 뜻에 최선을 다하여 희생적인 헌신을 할 때 기적을 이루고 아름다운 열매가 맺어짐을 본다. 소망의 집에는 부모가 기르기에 부담을 안고 버려진 아이들이 있다. 참으로 가슴 아픈 일이지만 그들은 오직 사랑으로 서로를 돌보며 아낌으로 밝은 모습으로 건강하게 소망을 안고 자란다.

예은이라는 아이는 다섯 살에 그곳에 왔다. 걷지도 못할 뿐 아니라 지적장애, 자폐, 뇌병변 장애, 사시, 계란 알레르기 등을 가지고 개구리처럼 기어 다니는 아이였다. 그곳에 오기 전 걸을 수 있게 수술을 하여 등에는 흉터가 있다. 병원에서는 일생 걸을 수 없을 것이라고 했단다. 그러나 예은이는 지금 십칠 세가 되었는데 학교 운동장 한 바퀴를 걸을 수 있다. 사시도 계란 알레르기도 치유되었다.

소망의 집에서 매주 토요일에 실시하는 동아리에 미술활동 등 몇 반이 있는데 예은이는 사물놀이에서 장구를 친다. 진실하고 따스한 사랑이 이룬 기적이라는 생각이다. 섬김이 고 자매가 그곳에서 봉사한 지 사 년쯤 되었을 때 그 생활에 대한 옭은 회의가 왔다. 바로 그때 예은이가 온 것이다. 고적한 심정을 이 아이를 안고 달랬고 온 정성을 다해 기르며 정이 들었다. 어머니가 아이 젖을 먹이며 팔다리를 어루만져 주듯이 시간을 내어 손을 잡고 섬마섬마 하며 세워 보고 손을 잡고 걸음마 연습을 늘 했다. 눈을 맞추고 미소를 보내며 사랑을 전했다. 둘이는 함께 기뻐하며 즐거웠다. 아이를 위해 더 열심히 기도했다. 지금은 한방을 쓰고 예은이가 엄마라고 부른다. 인간의 이성이나 논리로 설명할 수 없는 신의 섭리가 있음을 절감한다. 아직 인지능력이 없어 대인관계에 어려움이 있으나 이도 하나님께 맡기고 기도한다.

소망의 집에서는 기도하는 기간엔 온 가족이 금식을 한다. 영성을 중시하며 주님과 영적 교감에서 기적을 이루어 간다. 사람들은 행복을 추구하며 육신적으로 물질적으로 사회적으로 평안하고 안정된 삶을 살고자 한다. 그러나 타인의 안녕을 위해 이름 없이 헌신 봉사하는 이들이 있기에 사회는 균형을 잃지 않고 감동적 아름다움을 창조한다.

비누 냄새, 삼십 년 가까이 지났지만 복지시설을 떠올릴 때마다 되살아나는 기억이 있다. 상큼하니 청결한 분위기의 그 내음, 음성 꽃동네를 방문했을 때다. 이십대 초반의 아가씨가 화장기 없이 깔끔한 비누냄새를 풍기며 밝은 표정으로 환우들을 돌보는 모습이 우러러 보였다. 스스로에게 너는 할 수 있나 물으며 부끄러움을 느꼈다. 육신적 정신적 장애로 버려진 이들을 손수 몸으로 돌보는 모습이 청순한 향기로 다가왔다. 세상엔 어지럽고 아픔도 많지만 소리 없이 이름 없이 이웃을 위해 사랑으로 헌신하는 이들이 있기에 조화를 이루어 가는 것이라는 생각을 한다.

고 자매와 예은이 모녀가 영육이 건강한 가운데, 주신 인연을 아름답게 가꾸어가며 주께 영광 돌릴 줄을 믿는다.

버려진 아픔을 안고 절망하는 이들에게 소망의 빛으로 서리라.

빨강 주머니

주머니는 문명에 밀려 우리 생활주변에서 사라졌다. 문화원 전시실에서 빨강 주머니를 보고 멈추어 서서 회상에 잠겨 뒤를 돌아보았다. 빨강 주머니 하면 이모님 생각과 성명학에 얽힌 내 이름 이야기들이 생각난다.

아이가 태어나면 부모는 자녀에게 첫 선물인 이름을 지어준다. 옛날엔 이름은 사람의 수명, 건강, 길흉화복吉凶禍福을 좌우하는 것이라 여겼다. 이름을 짓는 데 많은 신경을 썼다. 전문적인 작명가가 간판을 걸고 이름을 지어주는 데도 많았다.

서울에 사시는 이모님이 내 혼기가 늦어지니 걱정을 하시며 내 이름 때문이라고 하셨다. 너희 할아버지는 한학자이신데 손녀 이름을 그렇게 지어 주셨냐고 할아버지 원망을 하셨다. 나는 이름이 인간의 운명에 미치는 영향을 크게 믿지는 않았다. 설령 영향이 있다 해도, 할아버지는 주역에 능통하시고 사주를 봐주기도 하셨기에 합당한 이름을 지어 주셨으리라 믿었다. 기독교 신앙인으로 믿음 안에서 기도에 전념하며 사는 것이 최선의 삶이라 생각했다.

이모님이 꼭 올라오라는 연락이 와서 서울엘 갔다. 도착하자마자 나를 데리고 효자동에 있는 유명한 작명소로 가셨다. 따라나섰지만 이름을 고치고 싶은 마음은 없었다. 가 보니 차례를 기다리는 사람들이 많았다. 이모님은 자녀들과 친지들의 이름을 이곳에서 지어 주셔서 작명가와 안면이 두터운 사이였다. 내 차례가 오니 생년월일시를 물었다. 이모님이 알려주시고 잘 지어 달라고 부탁을 하셨다. 내 태도가 너무나 담담해서인지 고쳐도 사용할 것 같지 않다고 그는 말했다. 이모님이 간절히 부탁하셔서 정윤禎允이라는 이름을 지어 받았다. 이모님이 치마를 올리시고 빨강 주머니에서 꽤 많다고 생각되는 돈을 꺼내 작명료를 지불하셨다. 그때 그 주머니가 인상적이었다. 이모님은 늘 미소 지으며 그 빨강 주머니를 열고 여비를 주시던 기억이 되살아난다. 옛날 새해 첫 쥐날이나 돼지날에 정성 들여 만든 복주머니를 고마운 사람이나 아끼는 사람에게 주었다는 이야기도 있다. 한 해의 질병과 재앙을 예방하기 위한 액막이의 일종이었다고 한다. 내 어릴 적 바늘을 쥐고 만든 첫 작품이 주머니이기도 하다.

이름을 새로 지었지만 얼마 동안 사용하지 않았다. 이모부와 이모님이 새벽에 일찍 일어나셔서 서로 내 새 이름을 부르신다고 하셨다. 하루 천 번을 부르시려고 신경을 쓰신다는 말씀이었다. 어머니가 들으시고 노인들의 그 지극한 성의를 생각해 이름을 사용하라고 하셨다. 호적까지는 고칠 수 없고 친구들과 교회에서 새 이름을 썼다.

이모 양주분이 돌아가셨고 살던 도시에서 타 도시로 이사를 한 후 또 간편하게 호적 이름만을 사용했다. 그러던 중 초등학교 동창이면서 어느 문예지 편집을 하던 친구가 새로 지은 이름을 사용하라고 강권했다. 칠십을 바라보며 친구에게 수필을 보내면서 정윤이란 이름을 사용했다. 지금까지 필명으로 사용하고 있다. 지금은 한자 이름을 짓지 않고 믿는 가정에서는 성경에 나오는 인물 이름을 붙여 아이 이름을 지어 부르기도 한다. 이모님이 이름을 지어주셔서 늦게라도 결혼을 하여 행복하게 살았나…….

요즈음 세상에서 생각할 수 없는 이모님의 사랑을 한없이 귀하게 생각한다. 문명의 발달로 사회가 다양화되어 저마다 하는 일도 많고 분주해졌다. 뿐만 아니라 개인주의 이기주의가 팽배하여 인정이 메마르는 것이 아쉽다. 자녀들도 부모와 함께 사는 것을 원치 않지만 부모도 나름의 삶을 향유하며 살고자 한다. 손자 손녀와 함께 살며 오순도순 정을 나누며 살기를 꺼려하는 부모가 많은 세상이 되었다.

이모님이 이승을 떠나신 지 수십 년이 지난 지금까지 빨강 주머니와 이모님을 생각하며 그 정을 기리며 감사하는 마음이다.

만화책 보는 할머니

여행을 할 때 부담 없이 읽을 책을 가지고 다닌다. 역에서 차 시간을 기다리는 무료함을 메우기 위해서다. 며칠 전에도 충주 역에서 기차를 기다리는 시간에 ≪뚱딴지 명심보감≫이라는 만화책을 보고 있었다. 그때 초등학교 저학년쯤 되어 보이는 형제가 내 옆을 맴돌았다. 다가와 내가 보는 만화책을 들여다보곤 저희끼리 웃으며 달려간다. 그리고는 조금 있다가 다시 와서 책표지를 엎드려 살펴보고 간다.

고개를 들어 가는 쪽을 보니 어머니인 듯한 30대 부인의 귀에 대고 아이들이 무어라 소곤거린다. 머리가 하얀 할머니가 만화책을 보고 있는 것이 아이들 눈에는 우스운가 보다.

어린 시절을 시골에서 살았고 해방 전후 어려운 때라서 만화책을 볼 기회가 없었다. 어른들께서 들려주시는 옛날 얘기만 들으며 자랐다. 그적엔 면소재지에는 책방이 없었다. 오일장날에만 난전에서 책을 땅에 펴 놓고 팔았다. 친구는 장날 어머니가 사오신 거라며 만화책을 학교에 가져오곤 했는데, 반 친구들이 돌아가며 보곤 했었다. 나도 그때 백설공주라는 만화를 보고 좋아라 하던 기억이 있다. 만화책을 읽지 못하고 초등학교 시절을 보냈기에 만화에 대하여 별로 아는 것이 없다. 어린이들이 보는 것으로만 생각했었다.

그런데 지난 여름 캐나다에 여행을 가서 조카네 집에 머물렀을 때다. 시간이 있어서 한글로 쓰여진 부담없는 책이 없는가 하고 책장을 보았다. 마침 ≪하나뿐인 지구≫ 라는 만화책이 있어 펼쳐 보았다. 그 내용이 꽤 깊이 있고 괜찮다는 생각이 들었다. 대기오염으로 인한 오존층 파괴, 산성비가 내려 캐나다와 북미대륙의 침엽수가 고사되었고, 정화되지 않은 폐수문제, 미군기지 비행장 근처의 주민들의 폭음으로 인한 정신적 피해 등…….

놀라운 문제들을 알게 되었다. 내가 깊이 알지 못했던 문제들을 많이 알게 되었고 감탄한 바가 컸다. 그 내용이야 다 열거할 수 없지만, 만화는 어린이들만 보는 것이 아니라 현대물정에 어두운 나 같은 할머니가 쉽게 이해할 수 있어 보면 좋겠다는 생각이 들었다.

마침 내가 보는 월간 ≪낮은 울타리≫에서 권장도서 중에 ≪뚱단지 명심보감≫이 끼어 있었다. 꼭 사 보아야지 하고 서점에 가서 거금 만오천 원을 주고 샀다. 포장을 해 주는 아가씨가 나를 힐끗 보았지만, 손자손녀에게 선물하려는가 보다 생각하는 것 같았다.

'명심보감' 하면 내겐 추억이 많다. 그래서 더욱 읽고 싶었다. 난 초등학교 입학 전후에 동생과 할아버지께 ≪명심보감≫을 배웠다. 이미 배운 한자나 어제 배운 구절이 생각나지 않으면 신고 있던 하얀 버선코를 잡아 당기며 생각을 되살리려 애쓰곤 했다. 어머니께 버선코에 때가 잘 지지 않는다고 걱정 듣던 기억이 새롭다.

친구들과 보리밭둑길을 달리며 숨바꼭질을 재미있게 하는데, 글 읽을 시간 되었다고 집으로 불러들이실 때 싫던 기억들……, 동생과 못마땅한 일이 있어도 싸우면 글 읽으라고 하실까봐 참곤 했었다.

가을 바람이 살갗을 간지럽혀도 그 바람결을 눈으로 볼 수 없듯이 그 즈음에 익힌 구절들을 다 기억은 못한다. 하지만 어릴 적 익힌 성현의 말씀은 칠십 평생 내 인생에 밑거름이 되었지 하는 생각을 한다.

기차 도착 시간을 알리는 방송을 듣고 가방을 챙겨 일어섰다. 젊은 엄마가 다가와서 "우리 애들이 할머니가 만화책을 보신다고 하는데 제목이 뭐예요?" 하고 묻기에 "≪명심보감≫인데요. 옛날 어린이들에게 서당에서 가르쳤던 교과서였답니다. 마음을 밝히는 보배로운 거울이라는 뜻이지요. 고려 제29대 충렬왕 때의 문신이었던 추적이란 분이 중국 고전의 격언과 또 우리나라 성현들의 말씀들을 가려서 엮었는데요. 요즈음 어린이들이 읽으면 참 좋은 책이랍니다." 하고 장황하게 설명을 해 주었다.

마침 젊은 어머니들에게 권해 주고 싶은 터여서 내 생각과 역자의 말을 빌려서 알려주었다. "만화책 보시는 할머니 감사합니다." 하며 아이들 손을 잡고 기차에 오른다. 기차에 오르는 젊은 엄마의 뒷 모습을 보며 내 이름이 만화 보는 할머니가 되었구나, 하며 혼자 미소 지었다.

할아버지의 알밤 한 톨

인생은 만남에서 시작된다. 사람은 많은 인연 속에서 만나고 헤어지며 인생 여정을 엮어 간다. 그리고 그 인연은 한 사람이 살아가는 데 깊은 뿌리가 되고, 자양분이 되기도 한다.

이 세상에서 내게 귀한 만남은 할아버지와의 만남이었다. 나는 그분을 가장 존경하고 좋아한다. 할아버지는 한학자이셨다. 젊은 날에는 청운의 꿈을 품고 과거 준비를 하셨다. 그러나 과거제가 폐지되어 그 높은 학문을 펼쳐 보지도 못하고 평생토록 책만 보며 사셨다.

내가 말을 배우고 겨우 말귀를 알아듣게 될 때부터 들려주신 할아버지의 말씀은 내 인생의 기틀이 되었다. 초등학교 입학 전부터 할아버지는 내게 한문도 가르쳐 주시고, 한글도 가르쳐 주셨다. 글뿐 아니라 행동거지, 언행심사에 대한 기초 훈련도 자연스럽게 생활 속에서 이루어지도록 가르침을 주셨다.

할아버지께서 주신 말씀과 사랑은 책으로 엮어도 끝이 없을 것이다. 할아버지는 우리 오남매 중에서 맏이인 내게 가장 관심이 크셨고 사랑도 주셨다.

열 살 전후의 어느 청명한 가을이었다. 우리 집 뒤안 울타리에는 큰 밤나무 한 그루가 있었는데, 그 밤이 막 아람을 벌어갈 무렵으로 기억된다. 학교에서 돌아오니 할아버지께서는 허리춤에 차고 계신 주머니에서 알밤 한 톨을 꺼내시어 정성스럽게 깎아 건네주셨다. 오독오독 맛있게 씹어 먹는 내 모습을 할아버지는 그윽이 바라보셨다. 그리고 오늘 첫 알밤이 떨어져 주운 것이라고 말씀하셨다. 첫 번째 주운 알밤을 아끼셔서 내게 주시다니 나는 고맙기도 하고 의기가 양양해졌다. 동생이 넷이 있어서 서로 할아버지의 사랑 받기를 시샘하던 터였기 때문이다. 동생들은 늘 '할아버지는 누나만 예뻐하신다.' '언니만 예뻐하신다.' 하면서 불평들을 늘어놓았다. 할머니는 손자를 두고 남의 집에 보낼 손녀딸만을 아끼신다고 불평이 대단했다. 그때마다 할아버지는 '당신은 모르오.'라는 말씀만 하셨다. 그때는 아무도 그 뜻을 몰랐다.

그 후, 우리 집에 서서히 암운이 깃들기 시작했다. 아버지는 이 시대의 사상적 소용돌이에 희생이 되어 돌아가셨다. 칠십을 바라보시는 조부모님과 몸이 약하신 삼십대 초반의 어머니와 어린 사남매……. 정말 앞이 막막하고 처절한 처지가 되었다.

그때 나는 맏이로서 절망 속에서 책임의식을 가지고, 힘든 삶의 길을 걷게 되었다. 뜻밖에 바뀌는 환경으로 심적인 아픔과 경제적인 고난이 많았다. 더욱 견디기 힘들었던 것은 한 가정이 몰락하는 데 편승한 무지하고 무서운 인심의 배반이었다.

그렇다고 주저앉을 수도 없었다. 주저앉고 싶을 때 조용히 내 곁에 다가오시는 할아버지의 영상은 나를 서야 할 위치에 서 있게 힘을 주셨다. 그리고 해야 할 일을 무언으로 알려주셨다. 할아버지께서 가르치신 전화위복轉禍爲福, 고진감래苦盡甘來, 진인사대천명盡人事待天命 등의 어려운 문자적 교훈에 앞서, 그날 주머니 속에 아끼셨다가 깎아 주신 알밤 한 톨에 담긴 사랑과 그윽하신 눈빛은 바다보다도 깊은 사랑이 담겨 있었고, 진주보다 귀한 말씀이 서려 있었다. 지금도 그 빛과 힘을 세상을 사는 버팀목으로 삼고 있다. 아무리 고통이 밀려와도 함부로 살아 갈 수가 없다. 지금도 그 힘겨웠던 시간들을 조용히 돌아보곤 한다. 할아버지는 사서삼경에 통달하셨고, 특히 ≪주역≫을 많이 보셨다. 그래서 내가 무겁고 힘든 짐을 지고 가야 할 것을 미리 아시고 안쓰러워하셨던 거라는 생각이 든다. 아니면 그 알밤 한 톨의 깊은 사랑 때문에 내 스스로 짐을 진 것일까? 사랑은 힘의 원천이라는 것을 세월이 이만큼 흐른 후에야 알게 되었다. 지금 담담한 마음으로 그 지나간 시간들을 회상해 본다. 이제는 나도 흐뭇한 미소를 지을 수 있다.

지금도 과일 중에서 밤을 제일 좋아한다. 기차역 앞에는 언제가 보아도 군밤장수가 있다. 여행을 할 때마다 군밤 한 봉지를 꼭 사서 들고 차에 오르곤 한다. 이 세상에서 십팔 년 간 할아버지와 맺은 인연에 감사하며 밤 한 톨에 얽힌 사랑의 추억을 더듬는 것이 내겐 행복한 시간이다. 고소한 군밤을 먹으며 지난날의 추억 속으로 날아가는 여행길은 마냥 즐겁기만 하다.

이별 연습

강아지 울음소리가 들린다.

아파트 어느 집에서 애완견을 기르고 있는지, 가끔 여린 개 울음소기가 작게 들린다. 그때마다 나의 기억은 머리를 풀고 어린 시절 살던 시골 마을로 달려간다. 칠흑같이 어두운 밤 모든 것이 정지된 듯한 고요함에 잠겼을 때에 아랫마을 어디선가 개 짖는 소리가 적막을 깨고 들려오곤 했다. 그 분위기를 마땅히 표현할 말을 찾지 못하지만, 가슴 깊숙이 그때의 정서를 되살리곤 한다.

그때 우리 집에서는 검정 공단처럼 윤이 자르르 흐르는 털옷을 입은 개를 기르고 있었다. 어느 해 정초에 먼 친척 되시는 분이 새해인사를 오시면서 강아지 한 마리를 안고 왔다. "우리 집 복덩이가 이번에는 새끼를 일곱 마리나 낳았어."

우리는 그 개 이름을 복구라고 불렀다. 요즈음처럼 애완견을 기르는 때도 아니고 개에게 서구풍의 이름이나 예쁜 이름을 지어 부르지 않고 털 색깔에 개 구狗자를 붙여서 황구, 백구라 부르던 시절이었다.

복구는 아주 말을 잘 듣고 순한 개로 자랐다. 그 까맣고 커다란 눈망울은 지금도 눈에 선하다. 추운 겨울이면 군불 땐 사랑방 아궁이 앞에서 동생들과 밤이나 고구마를 구워 먹곤 했는데, 복구도 옆에 쪼그리고 앉아 가족처럼 그 고구마가 익기를 기다리곤 했다. 나는 고구마 껍질을 벗겨서 주다가 미안한 마음이 들어 뜨거운 고구마를 후후 불어 통째로 주며 등을 토닥여 주곤 했다. 그러면 복구는 꼬리를 살랑살랑 흔들며 좋아했다. 웬만한 말은 알아듣고 가라면 가고 오라면 오곤 했다. 복구는 우리말을 어디까지 알아들었을까, 궁금하기도 했다. 까만 눈동자를 들여다보며 나는 복구에게 따스한 정을 느꼈다.

가을 날 이른 새벽 떨어진 홍시를 주우러 갈 때도 이 감나무, 저 감나무 아래로 졸졸 따라 다니며 동무해 주었다. 하얀 눈이 소복이 쌓인 날 마당가에서 눈사람을 만들 때도 우리보다 더 좋아하며 꼬리를 흔들고 앞뒤로 뛰던 복구였다.

더러는 밝은 달을 바라보며 컹컹 짖어댈 때도 있었다. '복구도 저 달의 전설을 알까?' 나는 혼자서 많은 생각을 엮곤 했다. 개들은 짖는 소리도 전염이 되는지, 한마리가 짖으면 온 동네 개들이 함께 짖어대어 고요한 마을이 시끌벅적할 때가 있다. 그러면 할아버지가 '복구야, 시끄럽다, 그쳐라.' 하셨고 복구는 그 말을 듣고 딱 그쳤다.

이렇게 복구는 우리 식구가 되어 정이 들었다. 그러던 어느 날 학교에서 돌아오니 짐승 잡는 아저씨가 자전거 뒤 짐받이에다 복구를 매어 앉혀서 막 떠나고 있었다. 너무 놀라서 '복구야, 복구야,' 소리쳐 부르며 쫓아갔다. 복구는 아무 소리 없이 그 까만 눈을 크게 뜨고 나를 바라보며 멀어져 갔다. 나는 엉엉 울면서 할머니께 팔려면 기를 사람에게 팔지, 왜 죽는 데로 보내시느냐고 불평을 했다. 이런저런 말씀을 해 주셨지만, 귀에는 아무 소리도 들어오지 않았다. 떠나간 복구가 너무 불쌍해서 며칠을 두고 생각나면 울었다. 학교에 가서도 커다란 눈으로 나를 바라보며 멀어져 간 그 모습이 눈에 선해 눈이 통통 붓도록 울었다. 수업을 마치고 나가시던 선생님이 이런 나의 모습을 보고 어디가 아프냐고 물으셨다. 아무 말도 할 수 없었다. 그때 친구들의 떠드는 소리가 들렸다.

"개를 팔아 슬퍼서 그런대요."

선생님은 아무 말씀 없이 내 머리를 쓰다듬어 주셨다.

어린 날의 아픈 추억 때문에 그 후 개를 기르지 않는다. 단독주택에서 살 때 적적하니 한 마리 길러 보라고 강력히 권하는 이도 있었지만 늘 사양했다. 살아 있는 모든 생명은 시간 속에서 언젠가는 죽어가는 것이다. 인간사도 만나고 떠나고 반복하는 것이라고 생각하면서도 때로는 새로운 인연을 갖는 것을 두려워한다. 유년의 기억 하나 때문에 강아지를 기르는 것을 피해

왔듯이…….

인간은 죽음을 운명으로 받아들여야 하는 존재지만. 그럼에도 혈연의 죽음을 실감할 수 없는 갈등으로 고통받기도 한다. 하물며 짐승에게까지 깊은 정을 주고 아파한다는 것이 너무 버겁다. 정은 아픔이라는 억지 같은 생각을 한 적도 있다.

이별의 아픔을 어린 날 복구를 통해 처음 체험했다. 지금 아파트에서 들려오는 저 개의 울음소리도 언젠가는 멀어져 갈 것이다. 세상에 나와 맺은 인연을 다 내려놓고 떠나갈 것이다. 그때, 우리는 얼마나 초연할 수 있을까. 그때의 아픔을 줄이기 위해 이별 연습이라도 해야 할까.

무형의 유산

윤년, 윤달에 대한 기억을 까맣게 잊고 살았다. 올해가 윤년이고 윤달이 음력으로 삼월이라 양력으로 사오월에 걸쳐 있음을 알았다.

예전에는 윤년, 한 달이 더 있는 윤달을 '덤달' '공달'로 부르기도 했다. 모든 속습俗習으로부터 해방되는 달이고, 귀신이 간섭하지 않는 달이라 하여 이 기간에 수의 마련, 이장, 이사, 집수리 등 평상시에 쉽게 하지 못했던 일들을 거리낌 없이 했다.

현대는 과학문명이 생활 속에 깊이 자리하고 있고, 바쁜 일상생활 속에서 큰일은 실생활에 지장이 없는 날에 많이 한다. 그러나 아직도 이장이라든지 큰일을 하는 데는 손이 없는 윤달에 하는 풍습이 살아 있다.

조부모님과 부모님 묘를 인근 공원묘지에 모셨다. 몇 년 전

장마 때 부모님 묘 바로 아래에 있는 오십여 묘가 수해로 유실되는 사고가 있었다. 동생은 부모님 묘에 자비로 축대를 쌓기도 했다. 공원 묘 관리자가 자주 바뀌고 관리가 잘 되지 않아 늘 불안해했다. 인근 안전한 곳으로 모시기를 희망하던 중에 삼십여 분 거리에 이천여 평의 산을 구입해 이백여 평을 삼단으로 쌓아 가족 묘지를 조성했다. 조부모님 부모님 묘는 상단에 평토장하여 이장했다. 윤달에 해야 한다고 지난 오월에 했다. 이장을 관리하는 기업체에서 일하는 이들이 꼭 윤달에 하기를 원해서 산 구입에서 이장까지 바쁜 일정이었다.

급변하는 사회 현상에서 가끔 방송을 보면 부모 재산을 탐내거나 유흥비 마련을 위해 자식으로서 부모에게 할 수도 없는, 해서는 안 되는 패륜 저지르는 것을 볼 때마다 가슴이 서늘하니 아팠다. 집 거실 텔레비전이 놓인 위 벽에 '충효전가忠孝傳家'란 족자가 걸려 있다. 한순간 갈등한다. 우리 민족은 예로부터 충효사상이 뿌리 깊은데.

동생이 조부모님 묘까지 관심을 가지고 신경을 쓰는 것이 이를 데 없이 고맙다. 오월에 비가 오지 않아서 묘에 새로 심은 잔디를 살리기 위해 하루는 아내와 초등학생 손자와 이삼백 미터 아래 샘에서 페트병에 물을 담아 짊어지고 몇 번을 오르내리며 잔디에 물을 주었다는 소식을 들었다. 가뭄에 물을 조금 주면 더 갈증이 나 마르는데, 생각하면서도 그 뜻이 고마워 감탄했다.

또 흐뭇한 소식이 왔다. 잔디가 잘 살았고 삼층으로 이룬 묘지가 흙을 쌓아 만든 아래층이 장마가 지면 무너질까 염려되어 보수공사를 한단다. 사방공사에서 쓰는 재질이 나무껍질로 스스로 썩어서 흙이 된다는 망으로 덮고 조성된 묘지 옆으로 도랑을 내는 작업을 했다. 인부를 사서 하지 않고 딸 아들네 내외, 초등학생 손자 손녀, 온 가족이 주일예배 후 모두 동원되어 함께 일을 했다. 손녀 손자들에게는 새로 낸 도랑을 단단하게 하기 위해 밟는 일을 맡겼다. 한 가지씩 맡겨진 자기 몫에 땀을 흘리며 열심히 하는 모습은 참 귀하고 은혜로웠다. 요즘 세상에 귀감이 되는 일이라 생각하며 뛰면서 도랑을 밟는 아이들 가슴에 아름다운 추억으로 간직되기를 바라는 마음이다. 나도 어린 시절 대청마루에서 할아버지의 수의를 짓는 데 바늘에 실을 꿰어 드리는 몫을 한 기억이 있다.

나이가 들고 보니 중년의 기억은 잊어버려도 어린 시절의 기억은 되살아나곤 한다. 어린 시절 듣고 배운 것이 평생을 좌우하고 한 인생의 삶에 빛깔과 방향을 결정한다. 조부모님과 온 가족이 사랑으로 연합하여 살며 익힌 습관은 귀한 유산이고 평생에 무형의 힘이 된다. 사람이 사는 동안 어떤 어려움에 처할 때도 있지만 혼자이면서 혼자가 아니게 무형의 힘이 되어 줌을 체험했다.

요즘은 핵가족으로 변해가고 있다. 부모는 직장에서 시간에 매이게 되어 집에 머무는 시간이 모자라는 가정이 많다. 아이들은 컴퓨터, 텔레비전 등과 같은 기계 속에서 산다. 부모와 대화가 없는 아이들이 자칫 정서가 메마르게 되고 폭력에 노출되기도 하며 심지어는 자신의 고민을 이기지 못하고 자살하는 예가 종종 나타난다. 이런 아이들이 조부모님의 사랑과 이야기 속에서 성장한다면 얼마나 좋을까 하는 소망이 스친다.

동생은 어린 시절 조부님께 ≪천자문千字文≫, ≪동몽선습童蒙先習≫, ≪명심보감明心寶鑑≫ 등을 글로도 배웠지만 조부모님의 사랑 어린 이야기 속에서 삶에 가치 기준을 은연중에 익혔다. 칠십대 할아버지와 여덟 살 된 손자와 함께 온 가족이 협력하는 것이, 가족간에 어우러지는 모습이 소원해지는 현실에서 아름다운 풍경으로 가슴에 담고 흐뭇한 미소를 짓는다.

천륜天倫

천륜이란 단어가 떠오르며 입안에서 맴돈다. 요즈음은 쉽게 들을 수 없는 옛말처럼 느껴지면서도 까마득한 메아리로 귀에 젖어온다. 텔레비전 뉴스에 나오는 이해할 수 없는 무서운 사건들이 새삼 이 무거운 말을 떠올리게 한다.

오늘 뉴스에도 이십대 청년이 부모를 살해했다는 보도가 끼어 있다. 후에 범인의 증언에 의하면 아버지는 복면을 한 아들을 알아보았고, 네 번이나 칼에 찔려 죽어가면서도 그 아들의 이름을 불렀다 한다. 자신의 이름을 부르는 아버지를 향해 비수를 찌르는 이 비정한 아들을 우리는 어떻게 받아들여야 하나. 더욱이 이런 뉴스를 나이 어린 자녀들과 함께 보는 가정도 있을 것을 생각하니 가슴이 싸늘하니 형언하기 어려운 심정이 된다.

내 어린 시절을 돌아본다. 그때는 시묘까지 하는 시절은 아니었지만, 대개 삼사 대가 함께 살며 부모를 정성 들여 모시고 형제간에 우애를 지키며 사는 일이 사람으로서 가장 소중한 일이라 여겼다. 부모 자식 간은 하늘의 인연으로 맺어진 천륜이고 이를 마땅히 지켜야 할 도리로 여기며 살았다. 이것은 특별한 교육을 통해 배우는 것이라기보다 가정의 일상생활에서 자연스럽게 익혀지는 몸에 밴 삶의 자세요, 질서이고 복의 근원이라고 생각했다. 섬김과 희생의 꽃이 피어 따사로운 햇빛처럼 나를 감싸는 이야기들 속에서 살던 그때가 그립다.

오랜 세월 동안 우리 삶의 지주가 되어준 천륜이 왜 이렇게 무너지는 것일까?

현대문명은 우리에게 편리와 부유함을 안겨주었지만, 한편으로는 소중한 것들을 앗아가고 있다. 편리를 위해서, 더 많은 물질을 가지기 위해 잔인하게 자신을 무장시킨다는 생각을 하니 가슴에 쓸쓸한 그늘이 드리운다.

물질, 아니 돈 앞에 천륜이 무너지고 있다. 여름 장마철, 쏟아지는 비에 논둑이 무너져 논들이 물바다가 되는 것을 망연히 서서 바라보던 어린 날 광경을 연상하며 사람의 한계를 느낀다. “문명 앞에 숲이 있고 문명 뒤에 사막이 남는다.”라는 샤토브리앙의 말을 절감한다. 문명의 발달로 물과 나무의 소비량이 많아 호수들이 마르고 숲이 사라진다 하니 이러다간 세계지도가 바뀌어야 될 것 같다. 그러나 나는 사람의 정신과 마음에 정이 메말라 사막이 되어 가고 있는 것이 더 큰 문제이고 절망적인 아픔이라고 생각한다.

육십대의 건강한 아버지를 정신병원에 입원시키고, 아버지 통장에서 돈을 빼내어 가는 아들, 이 비극 앞에서 황량한 사막을 연상한다. 내 나이 칠십이 넘었으니 이 사막 길도 길지 않으리라는 안도의 숨을 내쉬며 옛날에 들은 이야기를 회상해 본다.

어릴 때부터 한 마을에서 자라며 절친한 친구인 두 사람이 있었다. 이들은 가정을 이루고 자녀들이 장성한 가정의 가장들이 되었다. 그런데 한 사람은 하는 일들이 잘되어 재산도 늘고 자녀들도 건강하게 잘 자라 화목한 가정이 되었다. 다른 한 친구는 경제적으로도 잘 풀리지 않고 자녀들도 어려운 일들이 많았다. 힘들게 사는 친구가 매사가 잘 풀리는 친구에게 "자네는 어떻게 해서 매사가 잘되어 복을 누리는가? 그 비결을 말해 주게나." 하니, "자네 내일 일찍 우리 집에 오게." 하는 것이었다. 다음 날 친구 집엘 갔다. 친구가 장성한 아들을 불러 도끼를 가지고 와서 대청 대들보를 치라고 말하니 그 아들은 순종하여 대들보를 도끼로 쳤다. 조금 후 이제 그만하고 당나귀에 소금 가마니를 양쪽에 싣고 깊은 시냇물을 건너라고 하니 그 아들은 그대로 하여 소금이 물에 녹아내리고 있었다.

어린 날 할아버지가 들려주신 이 이야기를 들으며 부모에게 순종하는 모습을 감동적으로 받아들였다. 요즈음 젊은 사람들에게는 귀에 담아지지 않을 이야기가 될지도 모른다. 문명은 가치관의 변화를 가져왔다. 물질 위주로 변해가는 합리주의, 개인주의가 이런 변화를 가져온 것이 아닐까 한다.

나는 화려하고 편리하게 변화된 오늘을 살면서 좀 촌스럽고 풍요하지 않았던 옛날을 돌아보는 것을 즐긴다. 그곳엔 인정과 사람의 도리를 귀하게 여기던 진실과 따사로움이 있었다. 뿌리 없는 나무가 있을 수 없고, 뿌리가 튼튼해야 가지가 무성하고, 가지가 무성해야 힘 있게 비바람에도 견딜 수 있다.

이 순간 어머니를 떠올린다. 젊은 날에 혼자되어 오남매를 위해 희생하신 어머니. 몸이 약해서 고생스러우셨지만, 눈이 오나 비가 오나 새벽마다 교회에 가서 자녀들을 위해 기도하셨던 어머니. 돌아가시는 날 새벽, 그 순간까지도 어머니는 기도 중이셨다. 하얀 눈길 위에 맨 먼저 홀로 남겨진 어머니의 발자국은 지금도 내 가슴에 살아 있다. 그 영상은 우리의 버팀목이요. 등불이다.

세상이 아무리 변한다 한들 뿌리와 가지가 붙어있듯이 부모와 자녀의 관계, 천륜은 변할 수 없는 진리가 아니겠는가.

할머니

사회복지관으로 강의를 들으러 갔다. 듣는 이들도 노인이고 강의하시는 분도 노인이다. 강사가 쉬는 시간에 여담으로 노인들의 현실을 이야기하며 어느 시골 할머니 얘기를 했다.

서울 아들네를 가면 어린 손자가 품에 안기며 어찌나 좋아하는지, 그 재미로 자주 갔다고 한다. 이번에 가니 서먹하니 반가워하지 않고 오라고 해도 오지 않아 왜 그러느냐고 물으니, 엄마가 할머니는 냄새 나고 병 옮으니 가지 말라고 했다고 하더란다. 그 노인의 허탈한 심정이 헤아려지고 아릿했다. 이런 예야 그리 흔하지 않겠지만 문명으로 사회구조와 사고가 많이 변화하여 노인들의 위치가 달라져가고 있다.

할머니 품에 안겨 이야기를 들으며 자라는 아이들이 적어지고 있다는 것이 안타깝게 생각된다. 변화하는 현실에 민감하지 못한 노인의 생각일지 모르지만.

나는 할머니 가슴을 보고寶庫라고 생각한다. 무한한 사랑과 따스한 미소, 칭찬과 격려를 손길로 어루만져 주시던 할머니를 잊을 수 없다. 옛날이야기, 속담 등은 듣고 들어도 또 듣고 싶었다. 마르지 않는 샘물처럼 무궁무진한 할머니 이야기 속에 우주가 담겨 있었다. 인간 삶의 도리와 규율이 숨겨 있었다. 자라면서 세상의 문리가 할머니의 이야기를 들으며 자연스럽게 터득이 되었다.

내 마음밭에 심어주신 깊은 사랑과 상상력을 안겨주신 할머니. 들려주신 이야기를 보듬고 어린 시절 공상의 나래를 펴가던 시간들이 있었다. 돌아보며 회상에 잠길 때가 있다.

할머니가 들려주신 이야기를 자라며 책으로도 보고 학교에서 교과서로도 배웠지만, 할머니 품에서 듣던 것만큼 감명이 없고 오래 기억되지 않는다. 사람은 사랑의 눈길, 손길 안에서 교감하며 듣는 이야기가 깊은 감명을 주고 오래 메아리로 가슴에 머무른다.

〈놀부 흥부전〉, 〈말하는 남생이〉 등 이야기도 많다. 머리 쓰다듬어 주시며 '큰 감柑 네 앞에 놓지 마라.' '한 몸에 두 짐 못 진다.' '콩 심은 데 콩 나고 팥 심은 데 팥 난다.' 등 끝이 없다. 속담, 옛날이야기들은 은연중 살아가는 지혜와 사람과 사물의 비밀을 열 수 있는 근본이 되었다. 젊은 시절 인생길을 가다가 소리는 없어도 할머니 사랑 어린 음성으로 들려주신 말씀이 가슴에 울림으로 다가오곤 했다. 그러면 멈추어서거나, 가던 길을 돌아서 가기도 했다. 두 가지 일을 겸하여 하지 않고 삶에 우선 순위라고 생각하는 것에 철저하게 다가서 살며 힘겨운 적도 있었지만 후회는 없다. 뒤를 돌아본다. 화려하지는 않지만 고비 고비 삶에 무늬가 미소를 머금게 하여 평화롭다.

요즈음은 돌 지나면 어린이집, 유치원, 학원에서 교육을 받느라 바쁘다. 우리 현실에 인지교육은 남보다 먼저 시작해야 하고 많이 알아야 한다는 것이 깊이 뿌리 내리고 있다. 문명으로 급변하는 사회현상이라 생각하면서도 가슴이 따스하고 정신적으로 아름답게 살아가는 길을 먼저 익혀야 하지 않을까 생각한다.

저물녘이면 아파트 정문 앞에 노란색 학원버스가 머물고, 초등학생들이 내리는 것을 보면 피곤하게 느껴진다. 참고 기다리며 생각하고 나누는 삶은 어릴 적부터 가슴에 새겨 자연스럽게 자라는 것이라는 생각을 한다.

등잔불 아래서 할머니가 들려주신 이야기가 다시 듣고 싶다. 이 밤 할머니 품이 그리워진다.

제2부

잉카의 뒤안길에서

까치

까치는 우리의 가까운 이웃이었다. 먼 옛날부터 우리 민족과 친근한 야생조류로 문헌에도 자주 등장하고 동요나 설화 또는 전설들도 참 많다. 그래서 우리는 오랜 세월 동안 까치를 길조라고 여겨 왔다.

어린 시절 나는 시골에서 까치를 매일 보고 그 소리를 들으며 자랐다. "까치 까치 설날"이란 동요를 부르며 명절에 까치 옷을 입고 까치에 대한 숱한 전설을 들었다.

우리 집은 뒷동산을 등에 업고 아늑한 숲에 둘러싸여 있었다. 울안에는 높이 자란 감나무 두 그루가 있었다. 가을이 되면 까치들은 홍시를 먹으려고 찾아와 진을 치고 짖어 댔다. 나는 꾀꼬리, 뻐꾹새 등 많은 새들의 울음소리를 들었지만 그중에서 까치 소리를 제일 많이 기다렸다. 아침에 까치가 짖으면 반가운 소식이나 손님이 온다고 하여 더 기쁘고 반가웠다. 그래서 아침에 까치가 감나무에서 깍깍 맑은 소리로 짖으면 기분이 한없이 좋아지곤 했다. 그런 날은 아무도 찾는 이 없는 시골집 툇마루에 앉아서 아침부터 해가 설풋 질 때까지 대문 쪽을 바라보며 반가운 손님을 기다렸다. 그러나 끝내 기다리는 손님은 오지 않았고, 어스름과 함께 까치 소리는 잦아들던 기억이 아릿하다.

어린 시절 우리 마을엔 동네 샘이 있었다. 그 작은 도랑 둑 언덕 위에는 하늘 높이 솟은 미루나무가 일자로 십여 그루 서 있었다. 그 나무마다 까치집을 한두 개씩 이고 있었다. 까치는 샘에 내려와서 흘린 보리쌀, 밀 등 각종 음식 찌꺼기를 깡충깡충 뛰며 쪼아 먹었고 사람을 피하거나 두려워하지도 않았다. 참 친밀감이 가는 귀여운 새였다. 그런데 그 까치집을 뜯어가는 사람들이 있었다. 오래된 까치집을 태워서 악귀를 쫓고 독사에 물린 독을 치료하기 위해서라고 들었다. 그런 속설 때문에 집을 잃은 까치가 안타깝게 짖는 모습을 보며 남의 집을 훔치는 사람이 밉다는 생각을 했었다. 집 울안 나무 남쪽 가지에 까치가 집을 지으면 과거에 급제하고 학문이 능통하다 하여 까치집을 훔쳐다가 자기 집 나무 남쪽 가지에 옮겨 놓고 까치가 오지 않으니 까치처럼 훨훨 오르내렸다는 설화를 듣기도 했다. 인간의 부질없는 욕심이 낳은 죄였다.

까치는 가장 어두운 검정색과 가장 밝은 흰색으로 조화를 이루고 꼬리는 항상 곧게 쳐든 깔끔한 외모다. 그뿐 아니라 단조롭게 깍깍 지저귀는 두 음절이 경쾌하게 들린다. 내 기억에 육십 년 전후 어느 해에 모 기관에서 나라 새 뽑기를 했다. 나는 그때 그 경쾌한 까치소리를 기억하며 엽서에 까치를 적어 보냈었고, 까치는 영예로운 나라 새로 뽑혔다. 그 후로 나라에서는 까치를 보호조로 지정하고 함부로 잡지 않았다.

그런데 오늘 모임에서 너무나 놀라운 이야기를 들었다. 배 과수원을 하는 친구인데, 까치가 배밭에 와서 배를 쪼아 먹는데 한 번 쪼아 먹은 배는 다시 먹지 않고 좋은 배만 골라 쪼아 먹으니 쪼인 배는 상하고 상품가치가 없어 큰 손실로 고민이 많다는 것이다. 허수아비를 곳곳에 세워도 소용이 없고 사람이 지켜야 하는데 도저히 감당할 수가 없단다. 그래서 까치를 몇 마리 잡아서 장대에 높이 달아 놓으니 까치가 오지 않았다는 것이다. 나는 그 처절한 얘기를 들으며 섬뜩한 생각이 들었다. 까치는 죽은 친구의 모습을 보며 얼마나 아프고 두려웠을까? 생존을 위한 치열한 싸움이 가슴을 서늘하게 했다.

까치는 사람에게 해를 끼치지 않았고, 농약이 없던 시절 땅을 헤집어 해충을 잡아먹는 농사에 유익한 새였다. 까치가 집을 높이 지으면 그해는 태풍이 없어 풍년이 들고, 야트막한 굵은 가지에 집을 지으면 태풍이 온다는 것까지 예보해 주던 새였다. 그 까치가 농작물에 피해를 끼치는 새로 변한 이유는 무엇일까? 생태계의 파괴로 까치의 먹이가 사라진 때문이 아닐까? 농약은 농부의 일손을 덜어 주고 수확을 올릴 수 있는 이로움 속에 가리워진 역기능이 있다. 농약을 먹은 벌레를 먹은 쥐가 죽고, 죽은 쥐를 먹은 고양이가 죽고, 죽은 고양이를 먹은 산의 큰 짐승이 죽는다. 이런 연쇄적 죽음은 죽음을 불러오고 먹이사슬이 깨져 가는 것은 아닐까 하는 생각이 들었다.

밭골에 풀이 나지 않게 비닐을 덮거나 과수원에 제초제를 뿌려서 파란 풀이 누렇게 죽어있는 것을 보면서 자연의 순리가 억압된다는 생각을 했다. 흙은 썩고 새들은 먹이를 잃어 가는 것이다.

석탈해 신화, 보은의 새 등 신비하고 아름다운 설화를 안고 우리에게 기쁨과 반가움을 안겨 주던 까치, 그런 새가 지금은 우리에게 해를 주는 도둑의 주범으로 변한 것이 너무나 안타깝다. 인간 위주의 고도한 문명은 순수한 자연과의 교감을 상실하는 아픔이 있다. 까치를 통해 난 또 다른 의미의 아픔을 느끼고 있다.

어린 시절 이갈이 할 때 흔들리는 이를 실에 감아 할아버지가 빼어주신 그 이를 초가지붕 위에 던지며 "까치야, 까치야, 너는 내 헌 이 갖고 새 이 다오."라는 동요를 부르던 기억이 새롭다. 그 옛날 내 기억 속에 잠재한 까치를 회상하며 반가운 소식을 전하는 길조로만 기억하고 싶다. 이것은 시대를 모르는 순진한 바람일까?

잉카의 뒤안길에서

잉카의 태양제 모습이 텔레비전 화면에 비친다. 매년 6월 24일에 옛날 의식 그대로의 태양제가 열린다. 물결을 이룬 듯 화려한 의상을 입고 가무를 즐기는 그 모습이 내 회상의 꼬리로 이어진다. 십여 년 전에 페루 잉카 유적지를 관광 갔었다. 잉카의 옛 수도 쿠스코에 비행기에서 내리는 순간 공기 밀도가 낮음을 느꼈다. 숨이 차고 두통으로 괴로웠다. 표고가 3740m 되는 고산에 강대한 나라를 세운 잉카인들, 그들의 유적지리를 여행하며 아픔이 가슴으로 스며오던 기억이 떠오른다.

잉카의 왕궁, 태양신전 등 유적이 있던 자리의 초석 위에 세워진 성당과 현대식 건물들은 어색한 표정으로 내게 다가왔다. 쿠스코가 이색적인 도시로 느껴지며 생각에 잠기게 했다. 잉카의 모습이 가장 많이 남아 있어 쿠스코의 옛 거리 모습을 간직하고 있다는 애수의 로레토 거리 골목길은 나의 시선을 놓아주지 않았다. 양편으로 사람 키보다 훨씬 높은 석면 초석 위에 세운 집들이 지나가는 나를 내려다보고 있어 인상적이었다. 돌과 돌 사이에 접착제가 없이 석면을 바로 밀착시켜서 쌓아올렸다.

한가한 길에 인디오 여인이 지나간다. 자그마한 키에 가무잡잡한 얼굴의 그 표정은 웃음을 상실한 듯 어둔 그늘이 드리워져 있어 여행자가 가던 걸음을 멈추고 자꾸 뒤돌아보게 했다.

지금 화면에 보이는 곳은 잉카의 수도 쿠스코를 지키는 요새 시크사이와만 유적이다. 동쪽에 위치해 있고 시내가 내려다보인다. 광장이 있고 입지 조건에 맞추어 거석을 쌓아 올려놓았다. 이 많은 돌들을 어떻게 운반해서 쌓았을까. 시간과 땀과 눈물의 흔적이라는 생각이 들었다. 전형적인 잉카의 석조 기술이라고 한다. 쿠스코 시내에서 박물관, 성당, 현대식 건물들을 관광했다.

요새 가까이에 있는 잉카 지하도에 생각이 머문다. 입구 큰 바위만 보고 돌아섰지만, 그 지하도 이야기가 흥미롭다. 시내 유명한 곳까지 연결되어 있고 그 내부가 미로처럼 되어 있어서 길을 잃으면 태양을 볼 수 없다고 하니, 그들은 이 공사를 위해 얼마나 많은 피땀을 쏟아 부었을까. 몇 년 전 현지 텔레비전 방송국에서 기재를 가지고 들어가 대대적인 조사를 실시했으나 내부가 거미줄처럼 얽혀 있어서 일 킬로미터 가량 들어갔다가 돌아서고 말았다고 한다. 현대문명이 밝힐 수 없는 잉카의 지하미로

가 이제는 밝혀졌는지 궁금하다.

현대문명이 증명하기 어려운 돌을 쌓는 공법과 나름의 문화를 꽃피운 잉카. 인디오들은 고산지역이라서인지 코가 크고 가슴이 새가슴처럼 볼록하다. 분위기가 어둡고 표정이 없다. 활과 칼이 문명의 신무기 총에 패할 수밖에 없었고, 농경農耕 삶의 순박한 인심이 영특한 이기의 술수에 넘어질 수밖에 없었으리라.

패전 후 삼백 년이란 긴 세월을 식민지로 머물러야 했음은 문화의 상실이요 아픔이다. 문자가 없어 정확한 고증이 없이 서 있는 문화의 잔재는 무엇을 말하는가? 그 후손들은 혼혈로 가난으로 역사를 팔며 살고 있다. 잉카의 유적을 관광하면서, 걸음을 멈추고 그들에게 애착을 갖게 하는 것은 무엇일까. 동병상련同病相憐이라는 생각이다. 어린 시절 일제말기를 체험한 아픈 기억과 서른여섯 해 동안 일인들에 시달린 아픈 역사가 나의 가슴에 남아 있기 때문이 아닐까.

사크사이와만 요새 성벽 거석에 기대서서 하얀 눈 덮인 안데스 산을 바라보며 내 머리에 스친 생각들이 잊히지 않는다. 자신의 힘을 타인이나 타국을 위해 사용하면 아름다운 평화가 창조된다. 그러나 자신이나 자국의 이익만을 위해 쓰면 아픔과 죄를 낳는다. 아쉽지만 고증 없이 스러져가는 문화의 잔재 앞에서 황금의 탐욕의 잔인한 아픔을 본다.

말없는 산들은 지켜보아 알리라. 그리고 무수히 사욕에 찬 무리들에게 절실한 교훈을 웅변하리라. 무한하고 영원한 우주공간에서 한정된 시간을 사는 인간들이 겸허해지고, 심오한 의미를 안고 돌아서라고.

백발송白髮頌

"아빠 양은 털이 많지?"

아파트 엘리베이터에서 아빠에게 안긴 여아가 하는 말이다. 내 흰 머리를 보고 꼬마 아가씨가 양을 연상한 모양이다. 함께 타고 있던 이웃들이 모두 환하게 미소 지었다. 나이 들면 거의 백발이 되기 마련이고, 노화의 징표인 것을 어찌하겠는가.

내겐 노인의 흰머리에 대해 경외감과 감동 어린 아련한 추억이 가슴에 잔잔히 흐른다. 내 어린 시절에는 노인의 백발은 당연지사였다. 우리 집 사랑방에 먼 길을 걸어 찾아오시는 노인들은 머리는 물론 수염까지도 하얬다. 한여름날에도 하얀 모시 두루마기를 입었다. 한시를 읊기도 하고, 시를 백지에 옮기기도 하셨다. 하얀 종이 위에서 움직이는 붓놀림과 은은한 묵향이 아직도 잊히지 않는다. 어느 때엔 어린 우리들을 사랑방으로 부르셔서 우리가 큰절을 올리면 그윽이 바라보며 미소 짓던 모습은 선경에서 오신 신선 같다는 생각이 들기도 했다. '영기가 담겨 있구려. 선견지명이 있겠소이다.' 알 수 없는 말씀들을 나누시며 흡족한 표정을 지으시던 할아버지 모습이 떠오른다. 백발노인은 아는 것이 많고 존엄하시다. 그러면서도 인자하신 모습은 존경의 본이 되었다.

옛날엔 거의 대가족이었다. 아이들은 조부모님 슬하에서 보살핌을 받고 자랐다. 나는 어린 시절 할아버지 할머니가 베풀어주신 깊은 사랑과 은연중 가슴에 담아 익히게 하신 말씀들이 삶의 기초가 되었다. 그때엔 아이들을 위한 놀이기구나 문화적 영상매체가 없는 것은 물론이고 전깃불도 없었다. 어두운 밤 등잔불 아래서는 할머니의 백발이 더욱 환하게 은빛으로 보였다. 긴긴 겨울밤 할머니가 들려주시는 이야기는 끝이 없었다. '세 살 버릇 여든 간다.' '콩 한 쪽도 열이 나누어야 한다.' '도깨비 방망이' 등, 등을 토닥여 주시며 들려주신 속담, 수수께끼, 옛날이야기는 그 안에 나눔이 있고, 지나친 욕심을 금하라는 교훈이 담겨 있었다.

어느 날이었다. 남동생이 신열이 나고 몹시 아팠었다. 코가 막히고 숨도 잘 쉬지 못했다. 방문을 열고 들어서며 나는 놀라서 바라보고만 서 있었다. 동생을 품에 안고 동생의 코를 입으로 빨아내고 계신 할머니의 흰머리가 내 눈에 들어왔다. 어머, 저럴 수가 있을까? 그 크신 사랑에 말문을 잃고 서 있는 나를 보시며 미소를 지으시던 모습은 지금까지 깊은 영상으로 머문다. 그 미소를 표현할 말이 없었다. '너도 백발노인이 되면 할 수 있다.'라고 하시는 듯했다. 어린 시절에 본 하얀 머리 할머니의 품은 넓고 따스한 요람으로 생각되었다.

현대는 사회적으로 문화적으로 발전하여 예전과는 전혀 다른 세상이 되었다. 노인도 머리를 염색해서 백발이 드물고 거의 검은 머리다. 나는 하얀 머리로 인해 이런저런 일을 겪는다. 짐을 들고 택시를 기다릴 때나, 백화점 등에서 홀대를 받을 때가 있다. 이를 노여움 없이 시대적 한 풍경화로 바라보며 마음에 미소를 담는다. 이는 긴 세월을 거쳐 온 흰머리의 선물이라고 생각한다.

'늙으면 아이 된다.'는 속담이 있듯이 노인과 아이는 공통점이 많다. 노인은 인생을 살아온 경험으로 달관하여 단순하고, 아이는 세상 때가 묻지 않아 순진하여 단순하다.

흰머리로 인해 나만이 경험하고 즐기는 흐뭇함이 있다. 엄마 등에 업혀 있는 아이가 나를 유심히 쳐다보는 때가 많다. 그 까맣고 천진한 눈동자가 귀여워 눈을 맞추고 미소를 지으면 꼬마도 활짝 웃는다. 흰머리가 신기한가 보다. 등에 업혀가면서 고개를 돌려 돌아보곤 한다. 이 모습이 비밀스럽고 즐겁다.

어제도 백화점 일층에서 에스컬레이터를 타고 올라가고 있었다. 반대로 내려가는 편에 너덧 살쯤 되어 보이는 여자아이가 나를 뚫어지게 보는 것이다. 흰머리 때문이다. 꼬마 눈에 특이하게 보여서겠지. 나도 마주보며 흐뭇한 미소를 지었다. 꼬마도 활짝 웃는다. 서로 엇갈려 내려가 보이지 않기에 고개를 내밀고 내려다보았다. 그 꼬마도 고개를 돌려 올려다보고 있지 않은가. 보이지 않는 인정의 이심전심. 우리는 함께 미소 지었다. 천진무구한 아이와 교감하며 친구가 될 수 있다는 즐거움으로 가슴이 흐뭇했다. 내 뒤에 서 있는 젊은 엄마가 우리의 모습을 보고 말없이 내게 아름다운 표정으로 미소를 지어 보낸다.

거울을 보며 '젊은 자의 영화는 그 힘이요. 늙은 자의 아름다움은 그 백발이라는 성구를 떠올리며 묵상하곤 한다. 세월 속에서 얻어진 삶의 맛을 음미하면 흰머리의 의미는 사뭇 소중하다. 인생을 나무에 비한다면 흰머리는 가을 단풍이라고 생각한다. 사람들이 즐겨 찾는 아름다운 가을 산의 단풍으로 붉게 타다 떨어져 땅에 거름이 되듯 나 역시 백발이 주는 아름다움을 즐기려 한다.

백발은 미소다. 그 어린 날 할머니의 미소는 짧은 순간 스쳐 지나갔지만, 그 미소에 담긴 감동 어린 기억이 가슴에 살아 있다. 미소를 잃지 않는 노인으로 살고 싶은 소망을 마음에 꿈으로 엮으며 산다.

요즈음 아이들은 노인의 흰머리를 어떻게 기억할까? 신기하게, 양털로.

고가古家

가을이면 어릴 때 살던 옛집이 생각난다. 감나무에 빨간 홍시가 풍성히 매어달리면 여간 흐뭇한 것이 아니었다. 그 홍시를 보고 까치와 까마귀가 이른 아침부터 와서 진을 치고 짖어댄다. 까치가 지저귀면 기쁜 소식이 있으려나 싶어 기분이 좋았다. 까마귀가 날아와 까악까악 하고 울면, 나는 돌멩이를 손에 쥐고 감나무를 사정없이 두드렸다. 고목나무에 부딪는 소리는 퍽퍽하고 내 귀에만 들릴 뿐 감나무 꼭대기까지는 들리지는 않는지, 홍시를 먹으면서 어두운 울음을 계속 울어 댔다. 그러면 불안하고 두려운 그늘이 가슴에 쫙 깔리곤 했다. 까치는 기쁜 소식을 전하고, 까마귀는 죽음을 전한다는 얘기를 실제 경험담까지 곁들여 늘 들었기 때문이다.

논에 자운영꽃이 활짝 핀 어느 해 봄에 우리는 그 시골 작은 마을로 이사를 했다. 산 아래 초가집 이십여 호가 두서너 채씩 머리를 마주하고 정겹게 서 있고, 멀리 신작로가 내려다보이는 마을이었다. 우리 집은 그 마을에서도 제일 높은 곳, 뒷동산으로 연결된 밭으로 둘러 있는 고가였다. 이사 올 때 기둥 서너 개를 새로 갈아 세울 정도로 퇴락한 집이었다.

대추나무 두 그루를 언덕에 이고 넓은 사랑마당이 있었다. 아이들이 대여섯 명이 타고 놀 땐 삐걱삐걱 소리를 내곤 하는 큰 대문이 있었다. 안채는 그 마을에서 유일한 기역 자 집이었고 대문에서 뒤 사립문까지는 꽤 긴 거리인, 사방으로 마당이 넓은 집이었다. 대나무와 가시찔레나무 울타리가 둘러있고 울 안팎으론 온갖 과일나무가 살기에 넉넉한 집이었다. 봄에는 살구, 앵두, 배꽃이 시샘하며 피었고, 가을이면 밤, 호도, 홍시가 앞다투어 떨어지는 소리가 새벽을 깨우는 집이었다. 우리 형제들도 새벽잠을 깨서 바가지를 들고 과일나무 아래로 모여들었다. 그리고 그날 주워온 과일 수확에 따라 세를 누렸다.

도시에서만 산 나는 처음엔 그런 자연환경이 새롭고 신기해서 즐거웠다. 그러나 생활환경은 낯설었다. 전깃불도 없고 앞에 등성이가 가까이 보이는 작은 골짜기 마을이라서 가난하게 사는 집이 많았다.

내가 초등학교에 입학하고 마을 사람들과 익숙해질 무렵 우리 집은 귀신이 나오는 집이란 걸 알았다. 도깨비가 밤마다 방아를 찧는다는 등 섬쩍지근한 이야기들이 들렸다. 우리가 객지에서 왔기에 그 집을 모르고 사서 온 거라는 말도 했다. 그 집은 터가 세서 이사를 오면 사람이 죽는 집이라고 뒤에서 쑥덕였다. 오래된 집에 죽음을 치르지 않은 집이 있으랴만 유난히 이런저런 전설을 많이 담은 집이었다. 산 밑 집이라서 뱀도 많았다. 어느 달 밝은 밤엔 뒤란을 향한 창호지문에 뱀이 스쳐가기도 하고 비가 오려는 흐린 날엔 음침한 긴 울음소리가 집안을 어둡게 했다. 그것은 구렁이의 울음소리였다. 요즘은 아무도 내 말을 이해하지 못할 것이다.

어린 시절 나는 얘기 듣기와 공상을 즐기는 아이였다. 그 집으로 이사해서 사는 동안 인생에는 아픔과 슬픔이 있다는 것을 체득하면서 무언가 불길한 예감을 느끼기 시작했다.

그 집으로 이사할 때 돌이 채 되지 않은 여동생이 있었다. 하얀 얼굴에 유난히 눈이 까만 예쁜 동생을 나는 업어 주곤 했다. 자라면서 말도 못하고 걷지도 못할 뿐 아니라 혼자 서지도 못했다. 약을 써 보아도 효험이 없었다. 결국 동생은 다섯 살 되던 가을, 감잎이 뚝뚝 떨어져 쌓이던 날 우리 곁을 떠났다. 동네 사람들이 말하는 것처럼 우리 집에 이사 오면 사람이 꼭 죽는다는 말이 참말인가? 어린 가슴에 동생을 잃은 슬픔과 불안이 스쳤다.

어느 날은 어머니가 이런 말을 하셨다. 어젯밤에 대문 밖에서 누가 아버지 이름을 불러서 "예." 하고 나가려고 했다. 그런데 밤에 한번 부르면 귀신이 부르는 소리란 말이 생각나서 나가지 않으셨단다. 다음날 동네에 알아보았더니 어젯밤에 찾아 왔던 사람은 없었다. 그 후 6·25전쟁이 일어났다고 뒤숭숭한 어느 날 밤에 우리 집 대문을 쾅쾅 두드리는 소리에 나는 잠이 깨었다. 잠이 깬 나는 아무 이유도 없이 가슴에 차가운 한줄기 물살이 쏴 하니 스쳐가는 섬뜩함을 느꼈다. 나는 놀랐고, 아버지는 찾는 이들과 함께 집을 나가셨다. 그 모습을 보며 '아버지는 못 돌아오셔, 마지막이야.'라는 예감이 스쳤다. 놀라서 고개를 저었지만 그 예감은 사실이 되어 그 뒤로 아버지는 우리 곁으로 오시지 못했다.

사람의 이성보다 감성과 영성이 더 영험하다. 그리고 언어로 표현할 수 없는 경지를 선견하고 감지하는 것은 연륜의 차가 없다고 생각한다. 재난과 불행은 겹쳐서 왔다. 육이오 전후의 가뭄으로 건답은 농사도 폐농되었고 우리 집에 도둑이 들어 귀중품을 다 잃었다. 헛간채에 불이 나 전소했다. 노동력도 없는 우리가 농사를 지을 수 없어 가산을 정리하려고 하던 차였다. 우리 집일을 보아 오던 자가 우리 재산을 탐내어 일을 꾸미며 방해를 했다. 이루 말할 수 없는 어려움을 겪고 우리는 그 마을을 떠났다. 왜 우리가 그 시골로 이사를 했던가. 2차대전 말기 피난길이었는가? 아버지 친구 되시는 분의 형님이 그곳 면장이신 것 외에 사고무친지지四顧無親之地인 그 시골로 이사를 간 것은 운명적인 가운이었다고 어른들께서 말씀하셨다.

그 어린 소녀시절 겪은 아픔을 꼭꼭 묶어 두고 돌아보기를 주저했었다. 그러나 칠십을 바라보는 세월 속에서 불행이나 고난은 복에 근원이 될 수 있고 내적 자아의 성숙에 밑거름이 될 수 있음을 체득했다. 그리고 기독교인이 되어 하나님의 영과 마귀

귀신의 존재도 알게 되었다.

인생은 한정된 시간을 살지만 이일 저일 겪으며 많은 체험을 하는 것은 공간을 향유하며 살기 때문이라고 생각한다. 비록 그 공간이 아픔일 수도 힘겨운 짐일 수도 있지만, 그것은 풍성하고 다채로운 삶의 열매가 익는 곳이다. 그 열매는 후일 우리가 뒤돌아보며 미소 지을 수 있게 한다. 그래서 나도 이제는 깊이 묻어 둔 어린 날의 아픔이 서린 고가의 화폭을 살며시 열며 미소를 지을 수 있는 것이다.

꿩

우리는 일상생활에서 우연히 연관되는 생각에 의해 먼 기억을 더듬을 때가 종종 있다. 요즈음 꿩에 대하여 많은 생각을 한다. 꿩과 이웃하며 가까이서 보고, 또 꿩에 대한 이런저런 추억들이 담긴 육십여 년 전 내 어린 시절로 돌아가는 일을 즐기기도 한다. 언젠가 텔레비전을 보니 파출소에 끌려오는 사람들이 하나같이 머리에 웃옷을 뒤집어쓰고 손으로 얼굴을 가리고 있었다. 머리는 벽 쪽으로 들이대는 것을 보면서 꿩 생각이 났다. 몸은 다 보이는데 머리만을 감추는 모습이 꼭 꿩 모습이라서 저절로 웃음이 나왔다.

시골에서 초등학교에 다닌 사람들은 겨울 산의 토끼몰이와 꿩 사냥의 추억이 있을 것이다. 토끼몰이는 그물을 산 위에 치고 산 아래서부터 몰고 올라가야 한다. 주로 상급반 남학생들이 많이 갔다. 그러나 꿩 사냥은 맨몸으로 산 아래서 둥그런 원을 그리며 '야!' 하고 소리를 지르며 원을 좁혀간다. 함성소리에 놀란 꿩은 퍼뜩 공중으로 날아오른다. 그러나 우리가 계속 소리를 지르면 얼마 날지 못하고 떨어지고 만다. 땅에 떨어진 꿩은 몸은 위로 하고 머리만을 가랑잎이나 풀숲에 들이박고 있어서 쉽게 잡을 수 있었다. 그때는 그저 신기하고 불쌍하다는 생각을 했다. 그런데 나는 그 생각을 다시 해보게 되었다. 총에 맞지도 않고 어린 꼬마 친구들의 소리 지름에 놀라서 떨어지는 꿩은 도대체 귀가 얼마나 약한 것일까? 그래서 꿩 귀에 대해 찾아보았다. 꿩은 귀가 약하다는 이야기는 없고 겁이 많아 잘 놀라고 꾀가 많아 숨으려는 습성이 있다는 것이다.

어릴 때 살던 시골집은 뒤로는 텃밭과 연결된 야산이 있었다. 산에는 밤나무, 보리똥나무, 상수리나무 도토리나무들이 어우러져 있어 철따라 열매를 주우러 오르곤 했다. 그때 꿩을 자주 만났다. 그런데 나를 보아도 꿩은 날지도 않고 빠르게 뛰지도 않으며 손에 잡힐 듯 가까운 거리를 두고 달아났다. 손을 뻗치고 따라가다가 스스로 지쳐 돌아서곤 한 적이 참 많았다.

녹음이 짙어갈 무렵 하루는 머슴이 산에 나무하러 갔다가 까투리를 지게 발에 매고 꿩알 여남은 개를 주워 온 일이 있었다. 어떻게 꿩을 잡았느냐고 식구들이 신기해 물었다. 그는 꿩이 사람을 보고도 달아나지 않고 알을 품은 채 머리만 품에 묻고 있더라고 했다. 그 말을 들은 할머니는 저런 짐승도 자식 때문에 도망을 안 가고 알을 지켰는데 어찌 그 갸륵한 이야기를 듣고 꿩을 먹을 수 있겠느냐고 말씀하셨다. 그리고 머슴은 꿩과 알을 안고 대문을 나서던 뒷모습이 지금도 선연히 떠오른다.

"꿩 먹고 알 먹고"라는 속담도 모성애가 강한 꿩은 위급한 상황에서도 도망치질 않고, 제 알을 지키기 때문에 발견하면 일석이조一石二鳥라는 뜻일 게다.

요즈음은 꿩을 사육한다. 꿩 샤브샤브, 꿩 만두 등 많은 음식이 개발되어 식당가를 풍성하게 하고 있다. 옛날 시골에서는 총이 없어 사냥을 할 수도 없고, 꿩을 눈으로는 많이 보지만, 꿩고기를 먹을 기회는 별로 없었다. 그러나 꿩은 우리 인간들과 아주 가까운 곳에서 살았기에 꿩에 얽힌 사연도 많다. 꿩은 산에 살지만 참 친숙하게 우리의 생활 속에 젖어 있다. 그래서 꿩을 소재로 한 그림이나 글이 많은 것이다. 시골집 벽장문에도 꿩 그림이 있었고, 바람막이 낡은 병풍 속에도 꿩이 날고 있었다.

"꿩 대신 닭"이라든가 꿩과 관련된 속담도 많고, ≪장끼전≫이나 치악산 보은의 꿩 이야기처럼 글에도 많이 등장한다.

할머니는 꿩에게 애정을 많이 가지고 계셨다. 어느 날 대청으로 매에 쫓긴 까투리가 날아든 적도 있다. 그 꿩은 뒤주 밑으로 기어들어가 머리를 벽에 대고 죽은 듯이 있었다. 할머니는 그 꿩을 안아 내어서 두려움에 떠는 꿩의 머리를 쓰다듬으시며 내 집에 스스로 들어온 짐승은 잡아먹지 않는 것이라고 하셨다. 매가 사라질 시간을 기다렸다가 뒷산으로 날려 보내주셨다. 이 같은 할머니의 배려는 자연과 더불어 사는 나름의 철학이 있으셨던 것 같다. 꿩 이야기와 함께 옛 어른들의 넉넉한 마음과 훈훈한 인정이 그리워진다.

꿩의 모습이 우리의 모습이고 바로 내 모습이 아닐까 하고 생각해 본다. 위기가 닥칠 때나 실수를 하여 부끄러우면 우선 급히 피하여 모면하려 한다. 그러나 현실은 피한다고 피해지는 것이 아니다. 있는 사실 속에서 스스로 인정하고 최선을 다하여 노력하는 것이 중요하다. 매사에 성실하게 받아들이고 최선을 다할 때, 감당하기 어려웠던 것도 보람으로 변하여 삶에 풍요로움을 느끼게 해 줄 것이다.

뒷동산 장끼가 날아오를 때 홰를 치며 지르던 독특한 울음소리가 시골집 고요를 깨던 기억을 되살리며 내 마음은 지금 꿩에 대한 아련한 추억에 싸여 있다.

마실갑시다

며칠 전 광주에서 차를 타고 지나다가, 차창 밖으로 눈에 확 들어오는 간판을 보았다. 하얀 판에 흘림체로 쓴 '마실갑시다'란 까만 글씨가 놀랍고 반가웠다. 뒤를 돌아보곤 했다. 긴 세월 동안 잊힌 '마실'이란 단어가 정감이 가고 오랫동안 여운을 주었다.

요즈음은 거의 잊힌 말이 되었다. 옛날 내가 살던 시골에서는 흔히 쓰던 말이다. 인정이 있고 이야기가 있고, 사랑과 나눔이 있는 분위기를 안겨주는 말이다. 지금까지도 그 간판이 눈에 아른거리며 먼 기억을 더듬게 한다.

어린 시절의 농한기 겨울에는 마실을 많이 다녔다. 따스한 아랫목에 발을 묻고 시간을 보내는 풍경도 여러 가지다. 노인들은 삼삼오오 모여 이야기꽃을 피우기도 하고, 아낙네들은 길쌈하는 일감을 가지고 함께 하기도 한다. 정월엔 윷놀이도 하고, 건넛마을 아랫마을 소식을 전해 듣기도 한다. 어느 집 사랑방엔 머슴들이 모여 새끼를 꼬거나 가마니를 치며 도란도란 얘기를 나누기도 한다.

나는 지금도 기억하는 옛날얘기 책 추억이 있다. 띄어쓰기도 제대로 되지 않은 한글이 세로쓰기로 되어 있었다. 좌중에 한 사람이 그 책을 곡조를 넣어 읽어 내려간다. 방안 사람들은 눈물을 흘리기도 하고, 아하! 하는 감탄사를 연발하기도 한다. 그 적에 들은 〈박씨 부인전〉, 〈임진록〉, 〈이대봉전〉, 〈유충렬전〉 등의 이야기가 지금도 생생하다. 그 내용이 거의 권선징악, 고진감래다. 고생 끝에 새 사람이 되고 대성하는 내용이었다. 그 이야기를 들으며 나는 십대 전후에 고생을 별로 하지 않아서 훌륭한 사람이 못 되겠다는 생각을 한 적도 있었다. 지금처럼 간식거리가 많지 않은 시절이라 땅에 묻어 둔 무나 고구마를 바가지에 담아 놓고 깎아 먹으면서 즐거워들 했다. 색다른 음식을 나누어 먹기도 하면서 기쁨이나 아픔을 숨김없이 이야기하는 정겨움이 있었다.

요즈음 아파트에서는 이웃이 이사를 가고 와도 별 관심이 없다. 마실을 다니는 시절에는 팥죽을 쑤어서 항아리에 담아 이사가는 집에 주기도 했다. 풍요로운 생활은 아니었어도 인정과 나눔이 있었고, 외로워서 자살하는 사람은 없었다. 요즈음엔 노인들이 고층아파트에서 투신자살을 하거나, 어린 학생들이 자살을 하는 현실을 보면 풍요 속의 빈곤인 듯하기도 하고, 아니면 외로움의 몸부림 같아 안쓰럽기만 하다. 아무리 문명이 발달해 생활이 편리해지고 의식주가 넉넉해졌지만, 사람은 살아 숨쉬는 인정 안에 평안과 위로가 있다는 생각이다.

모 신문 사설에 70대 치매 노인을 전업 주부 며느리가 제대로 돌보지 않아 굶어 죽고 그 시체가 부패되었다는 내용을 보았다. 거기서 40대의 아들을 두고 중죄인이냐 또는 그 며느리가 중죄인이냐 하는 내용을 보며 난 이해할 수 없었다. 이런 현실은 우리가 마실을 오고 갈 이웃이 없는 삭막함이 그 원인일 수도 있다는 생각이 든다. 지금은 동화책, 어린이 신문, 텔레비전, 컴퓨터 등으로 심심하지 않지만, 옛날 아이들은 수수께끼나 얘기를 들으러 마실을 곧잘 가곤 했다.

나는 얘기를 무척 좋아했다. 우리 마을에서 고개를 넘으면 큰댁이 있고, 나보다 댓살 위의 사촌언니가 어찌나 이야기를 잘해주는지 자주 놀러 가곤 했다. 어느 날은 언니가 이웃집에 새댁이 있는데 얘기를 잘해 주니 마실을 가자고 해서 함께 갔었다.

신랑은 먼 길 가서 없고, 아랫방엔 시아버님이 계셨다. 새댁은 실타래를 풀듯이 얘기를 술술 시작하더니 생각난 듯 얘기 손님에게 무엇을 대접하느냐며 두리번거렸다. 그리고 검은콩 몇 줌을 가져다가 헌 종이에 둘둘 말아 침을 계속 발라가며 두툼하게 싸서 화롯불을 헤집고 묻었다. 나는 귀로는 얘기를 들으면서 눈은 화로로만 갔다. 처음 보는 것이라 종이가 타면 어쩌나 정말 콩이 볶아질까? 하는 생각을 했다. 얼마의 시간이 흐른 뒤 화로에 묻은 종이뭉치를 꺼내니 종이는 좀 누릇누릇해 있고 콩은 소리 없이 몸에 금을 내고 잘 튀겨져 있었다. 조용히 콩을 볶을 수 있는 것이 참 신기하고 재미있었다. 나도 한번 꼭 해 보고 싶었지만 지금껏 못 해 보고 화로는 박물관에나 가서 볼 수 있는 시대가 되었다.

그 간판을 본 날 외손녀에게 마실이란 말을 아느냐고 물어보니 '다방갑시다'라는 말이라고 한다. 그 말을 들으니 마실은 이제 옛말이 되었구나라는 생각이 들었다. 그곳이 찻집이었던 것이다. 잘 어울리는 이름이었다. 내게는 아름답고 즐거운 추억을 담은 마실이 영영 사라지는 줄 알았는데 그렇게라도 다시 등장하니 반갑기 그지없다.

마실에서 만난 옛 얼굴들이 새삼 보고 싶어진다.

산내음

텔레비전에서 산을 소개하는 프로그램을 자주 본다. 산이 좋아서 오르던 옛날을 돌이켜보며 갖가지 추억에 젖는다. 오늘은 중국 여산廬山이 화면에 나온다. 여산은 기암괴석과 곳곳에 숨어 있는 폭포가 많다. 삼단폭포의 절경은 무지개처럼 아름다워 보인다. 무더운 여름이라 그 물보라가 더욱 시원하고 신비하게 느껴진다. 우람한 숲이 있는가 하면 폭포의 낙수가 이룬 파란 못이 출렁이고, 그 넘치는 물이 숲과 돌들 사이로 재갈재갈 정답게 속삭이며 흐른다. 옛날부터 시인 묵객들이 머물며 아름다움을 노래했다는 산이고, 도연명이 그곳에서 은거했었던 곳이다. 지금 눈에 비치는 돌계단이 옛적에도 있었을까? 삼천계단이 넘는다. 많은 사람들이 돌계단을 밟고 오르는 모습을 바라보며 생각이 잠시 멈추어 선다.

오십 년 전 내가 오르던 산길, 흙과 낙엽이 묻혀 진토된 길을 걸으며 구부려 흙내음을 맡아 보곤 했다. 산에만 있는 내음이다. 바람에 흔들리는 나뭇잎 소리, 도랑물 소리, 새의 노랫소리들이 어울려 마음에 젖어들 때 이것이 산내음이라 이름 하였다. 화면의 돌계단을 보며 산에 어울리지 않는다고 머리를 살짝 흔들어 본다.

요즘은 산에 오르는 사람이 많아졌다. 문명의 발달로 풍요롭고 편리함이 사람들에게 시간의 여유를 주게 되었다. 사람들은 취미나 건강을 위해 산에 오른다. 숲은 몸만 살리는 것이 아니라 스트레스, 갈등, 집착 등 깊은 내면의 마음까지 치유한다. 오륙십 년대는 생활에 매여 시간적 경제적 여유가 없어서 산에 오르는 이들이 별로 없었다. 한번은 대둔산에 갔는데 하루 종일 우리들 외에 사람들이 없어서 섬뜩함을 느낀 적도 있었다.

산악회 학생들을 따라 다닐 수 있는 행운을 누릴 수 있었기에 산의 품에서 보고 느꼈던 아름다운 추억들이 가슴에 묻혀 있다. 산은 마음의 쉼터이고 활력소였다. 장엄한 산에서 작은 나를 발견하고 힘들게 오른 높은 산의 정상에서 고난 뒤의 승리의 쾌감을 느끼기도 했다. 산에는 모든 것이 저마다 제자리에서 나름의 길을 자연스럽게 간다. 조화와 순응의 질서 속에 평화가 있다. 세상풍정에 피곤한 마음이 쉼을 얻고 나름의 분수와 한계를 가늠하며 자유로움을 얻기도 했다.

산내음이란 말을 몸에 지니듯 정다움을 느낀 데에는 한 추억이 있다. 육십 년대의 어느 연말로 기억한다. 그날도 산악회를 지도하시는 내겐 언니 같은 분이 학생들 몇 사람과 계룡산으로 등반을 갔는데 나는 감기를 앓아서 가지 못했다. 계룡산은 가까이 있어 자주 등반했다. 골짝마다 등성이 등성이에 내 발자국이 무수히 찍혀 있을, 눈을 감고 그려보면 계절마다의 풍경이 화폭이 되어 스쳐가는 산이다.

가지 못한 아쉬운 마음을 달래며 따스한 아랫목에 발을 묻고 산에 오르는 이들을 생각하고 있었다. 대자암 계곡을 지나 관음봉을 향해 능선을 타겠지. 눈이 녹은 물기를 머금은 낙엽이 흙에 묻혀 미끄럽기도 하겠지……. 바람의 강약에 따라 나목들의 몸부림 소리들이 노래로도 얘기소리로도 들리겠지 하며 생각하고 있을 때 내가 늘 맡던 그 내음, 낙엽이 흙에 묻혀 진토된 내음이 코에 확 번져왔다.

깜짝 놀라 방문을 열고 밖을 보았다. 바람과 함께 눈발이 날린다. 저 바람을 타고 산을 넘고 시내를 건너 내 방을 찾아 온 것이 너무 놀랍고 신기했다. 한참을 멍멍해 밖을 보고만 있었다. 환시幻視, 환청幻聽은 체험한 분에게서 직접 듣기도 했고 소설에서도 읽었지만, 환후각幻嗅却은 처음 직접 체험했다. 번개처럼 한순간 스쳐간 그 내음, 나의 지각知覺으로 설명할 수 없었다. 다만 자기가 하는 일에 사랑하는 마음으로 몰입할 때 어느 순간 섬광처럼 찾아오는 영감과 같다는 생각을 했다. 그 산을 혼신을 다해 사랑한 선물이리라.

그때의 신비했던 마음을 돌이켜보며 여산에서도 산내음이 찾아오려나 하고 심호흡을 해 본다. 너무 멀어서일까. 문명이 침

투된 돌계단들이 산내음을 삼켜버렸는지 기다리는 내게 소식이 없다. 이 얼마나 허망한 공상인가 하고 혼자 멋쩍은 미소를 삼킨다. 짧은 순간 스쳐간 환후각幻嗅却, 그 내음은 반세기가 지난 지금까지 가슴에 감동으로 머문다.

산은 세월이 가도 자연의 질서에 순응하며 사계의 변화에 옷을 갈아입는다. 그 정기를 잃지 않는 산을 마음으로 그리고 있다. 자연은 인간에 앞서 창조한 신의 작품이기에.

박꽃

해 질 무렵 하얗게 피어난 박꽃을 본 지도 꽤 오래 되었다. 그래도 나는 여름날 해 질 녘이면 그 하얀 박꽃을 떠올리곤 한다. 박꽃은 내가 어릴 적, 참 가까운 친구였다.

옛날 시골 마을에는 어느 집이나 울타리, 초가지붕 위에 박덩굴을 올렸다. 우리 집도 뒤 사립문 밖에 있는 야트막한 언덕 위에 매년 박을 심었다. 여름 저녁 시간이면 식사를 하고도 하늘에 별이 총총히 깔리기까지는 시간이 많이 있었다. 그 시간쯤 박꽃이 하얗게 피어났다. 밤이슬을 함초롬이 머금은 박꽃 곁으로 가서 이야기를 나누면 화려하지도 요란하지도 않은 순백의 보드라운 꽃잎이 좋았다. 벌도 나비도 벗해주지 않는 밤에 홀로 피어 있는 박꽃에게 '외롭지 않느냐?'고 물어보면 박꽃은 조용한 미소로 '외롭지 않아. 달님과 얘기도 나누고 별들이 동무해주는 밤이 더 좋다.'고 속삭였다. 그래서 옛부터 박에 월하미인月下美人이란 애칭이 붙었나 보다.

꽃이 진 뒤 길고 짧은 줄기에 맺힌 열매가 하루하루 커가는 모습을 들여다보는 것도 재미 중의 하나였다. 그적에는 어린이들을 위한 오락기구도, 컴퓨터도, 동화책도 없었고 다만 사금파리로 손수 다듬어 만든 바꿈살이와 구전으로 옛날얘기를 듣는 것이 우리들의 유일한 놀이였다. 그래서 계절 따라 변하는 자연과 어울리어 나름대로의 정서를 가꾸었다. 그런 내 가슴에 넓은 공간을 차지했던 하얀 박꽃이 지금도 아련하게 다가온다.

박덩굴 뿌리에 거름을 주시는 할머니는 박은 버릴 것이 없어 신통하다고 말씀하셨다. 플라스틱 그릇은 물론 없고 양은 그릇도 흔치 않은 시골에서 바가지는 쌀을 일어 돌을 고르고, 나물 무치는 그릇으로도 쓰이며 또 됫박으로 쓰이기도 했다. 농사철에 들일을 하는 일꾼들에게 새참 그릇이 되고, 아낙네들이 점심을 지어 광주리에 담아 이고 다닐 때 바가지는 밥그릇 국그릇으로도 쓰였다. 가지고 다니기에 가볍고 부딪쳐도 잘 깨지지 않아 두루두루 안성맞춤이었다.

옛날 시골에는 마을 중앙에 언제나 넉넉한 물이 넘치는 바가지로 퍼서 쓰는 동네 샘이 있었다. 그곳은 찬거리를 씻고, 먹을거리를 준비하는 장소이면서 동네 소식통이기도 했다. 따스한 인정도 오가지만 더러 오해로 화가 난 아낙네가 죄 없는 바가지를 사정없이 샘에 던지기도 했다. 그런 때면 바가지는 돛대 없는 배가 되고, 그 배가 샘 안에서 출렁거리다가 다시 주인을 찾아 오는 모습을 볼 수 있었다. 물동이를 머리에 이고 집으로 갈 때 출렁거려 넘치지 않도록 바가지를 엎어 띄우면 바가지가 물동이 가에 부딪쳐 걸음장단을 맞추었다. 박꽃에서 연상된 바가지의 풍경은 끝이 없다. 크기나, 붙여진 이름에 따라 쓰임새가 달랐는데 씨앗을 담아 처마 끝에 걸어 두기도 했다. 처마 끝에 줄줄이 달린 뒤웅박 모양은 어쩌면 대롱대롱 소리가 날 것 같기도 했다.

한편 박속은 나물로도 먹고 박고지까지 만들었다가 먹기도 했다. 요즈음은 박을 이용한 식품을 개발하여 '흥부네 박 터지는 날'을 체인점으로 해서 박 요리 보급을 한다고도 들었다. 박에는 칼슘, 당질, 철, 인 등이 풍부하다고 각광을 받는단다. 하긴 그 옛날에도 박고지는 궁중연회 잔치상과 수라상에 올랐다니 옛 사람들의 지혜가 높이 헤아려진다. 놋그릇은 왜정 때 공출로 빼앗기고 사기그릇 나무그릇이 주를 이루던 때에 바가지는 함부로 다루었지만 불평 없이 자기 몫을 다해 주는 부엌 살림에 요긴한 그릇이었다. 그런데 이제 바가지는 부엌 살림꾼에서 밀려났다. 그렇지만 박공예품으로 이용되어 여러 가지 장식으로 화려한 옷을 입고 변신하여 거실 벽이나 문갑 위에 놓여 그 명성을 잃지 않고 있다.

나는 그리 크지 않은 조롱박을 아무 장식없이 제 모습 그대로 현관 신발장 위에 놓아두었다. 들고 나며 가끔 뚜껑을 열어 보기도 하며 추억을 담아 둔다. 벌써 이십 년이 지났으니 나의 꽤 오랜 친구가 되었다. 그 소중한 친구를 둔 것이 행복하다.

마루

베란다 창을 연다. 더운 바람이 밀려든다. 작년 여름엔 이렇게 더운 것을 느끼지 못했다. 보문산의 푸른 숲이 멀리 보이고 앞이 확 트여서였을까? 올해에는 앞의 넓은 공터에 이십 층 아파트가 신축 중이다. 복사열풍이 불어서이기도 하지만, 마음으로 답답하게 느껴진다. 창을 닫고 선풍기를 켜본다. 이 바람도 훈훈하다. 에어컨을 켜본다. 닫힌 공간의 찬바람이 싫다. 비단 바람만 통하지 않는 창인가! 이웃과 이웃이 단절되어 있고, 마음의 창들이 닫혀 있다. 인정이, 나눔이 없는 공간에서 짙은 아쉬움이 깔린다. 이것이 현대 문명이 가져다 준 선물인가.

문득 기억 속에 가물거리는 마루를 떠올린다. 마루를 까맣게 잊고 살았다. 활짝 열린 대문으로 들여다보이는 마루에서 가족끼리, 이웃끼리 오순도순 이야기를 나누는 정겨운 풍경은 이제 멀리 사라져 옛이야기가 되었다.

마루에는 창이 없다. 시원하게 열려진 공간이다. 마루는 하늘을 들여놓고 마음껏 바라본다. 바람도 공기도 거침없이 드나든다. 안과 밖을 연결해 주고, 동작과 생각을 잠시 머무르게 하는 공간이다. 마루에 걸터앉아서 마당 빨랫줄에 앉아 있는 제비나 참새들의 모습을 보고도 나름의 얘기를 엮어가던 어린 시절이 동화같이 펼쳐진다.

옛날 우리 집 뒤 울타리는 찔레꽃나무와 칡덩굴로 엉켜 있었다. 봄, 여름, 가을 맑은 공기가 담아온 풀 냄새와 꽃향기가 마루에 가득 채워지곤 했다. 마루와 연결된 대청마루는 지금의 거실처럼 넓은 공간이다. 그래서 식당 역할도 했다. 길쌈철에는 아낙네들이 모여 앉아서 모시, 삼을 손톱으로 가늘게 쪼개거나 무릎 위에 놓고 길게 삼으며 이야기꽃을 피우기도 했다.

하루는 마당 가득히 널어놓은 벼를 닭이 헤집지 못하도록 닭을 지키는 일을 맡은 적이 있다. 긴 장대를 옆에 놓고 마루에 걸터앉았다. 너무 심심해서 높디높은 하늘에 떠가는 구름을 보며 저것은 산이다, 개천이다, 건너 마을이다, 머리속에 그림을 그렸다. 그런 틈에 닭들이 몰려와 멍석 위에서 벼를 쪼아댔다. 나는 마루에서 맨발로 뛰어내려 장대로 닭을 쫓았는데, 장대 끝이 닭 등에 스쳤는지 닭 한 마리가 비명을 지르며 쓰러졌다. '닭 잡았구나' 싶어 겁이 났다. 할머니가 오셔서 "이 놈의 닭, 성질하고는……." 하시며 닭 입을 벌리고 참기름 한 숟가락을 먹이니 닭이 곧 깨어나 뒤뜰로 사라지는 것이었다. 그것을 보며 닭은 엄살이 많은 걸까? 성질이 급한 것일까? 생각하며 놀란 가슴을 쓰다듬기도 했다.

마루 대신 여름에 사용하기 위하여 만든 평상이라는 것이 있다. 사방을 각목으로 짰지만 안쪽은 곱게 다듬은 대나무를 엮어서 만든 것인데 참 시원하다. 여름밤 마당가에 모깃불을 피워놓고 광주리에 담긴 찐 옥수수를 먹으며 듣던 할머니의 산골 이야기에는 여우가 자주 나왔다. 그런 여름밤은 짧고 아쉬웠다. 그 평상 위에 누워 동생들과 하늘을 보며 네 별 내 별을 헤아리던 밤이 즐거웠다. 별똥이 떨어지는 하늘을 이고 잠이 든 적도 많았다.

옛날에는 낮에 대문이나 사립문에 빗장을 걸지 않고 열어 놓았다. 동네 할머니, 꼬마들은 물론 지나가는 행상 아주머니들도 들어와 마루에서 쉬어가곤 했다.

비가 내리던 날, 등에 소쿠리를 가득 짊어진 소쿠리 장수 아줌마가 오셔서 우리 마루에서 쉬고 있었다. 어머니는 그날 비가 오는데도 울타리를 이리저리 헤치고 애호박을 따다 수제비를 맛있게 끓여 그 아주머니와 함께 점심을 먹었다. 이런 날은 입으로는 군것질이 생각나고 귀로는 얘기가 듣고 싶어서 그 아주머니에게 이야기를 해 달라고 청했다. 어머니는 '또, 또.' 하시며 걱정을 하셨다. 그러나 나는 세뱃돈 받는 대신 이야기로 받아낼 만큼 얘기 듣기를 좋아해서 물러서지 않았다. 아주머니는 내 청을 듣고 '나도 밥값을 하고 가야지.' 하시며 이야기를 시작했다.

"옛날 어떤 마을에 이렇게 비가 오는 날, 마루에서 남편은 낮잠을 자고 그의 부인은 옆에서 바느질을 하고 있었단다. 그런데 부인이 보니 자는 남편의 코에서 파란 벌레가 기어 나와 뜰로 내려 가더란다. 처마 밑에는 낙숫물이 강이 되어 흘러가니 그 벌레는 건너지 못하고 왔다 갔다 하고 있었지. 그것을 본 부인이 옆에 있는 바느질자를 가지고 내려가 처마 밑에 다리를 놓아 주었더니 그 파란 벌레는 자로 놓은 다리를 건너 어디론가 가더란다. 얼마 지나서 그 파란 벌레가 다시 가던 길로 돌아와서 남편 코로 들어갔지. 그리고 조금 있다 잠자던 남편이 기지개를 펴며 일어나서 하는 말이 꿈속에서 어디를 가는데 강물이 불어서 건너지 못하고 있는데 어떤 예쁜 각시가 와서 나무다리를 놓아주어서 기분 좋게 갔다 왔노라고 말하며 기분 좋아하더란다". 하시며 아주머니는 주름 잡힌 얼굴을 내 얼굴에 부비며 웃으셨다.

육십여 년 전에 비 오는 날 마루에 앉아서 들은 그 꿈같은 얘기가 기억에 남아 있다. 자연 내음과 사람이 어울려 인정의 꽃이 피는 마루. 그 마루에서 인생을 배우고 정서情緖가 눈을 떴다. 현관문을 꼭꼭 닫아 놓고 이웃을 잃은 아파트 숲에서 마루의 정겨운 풍경을 회상하니 마음이 훈훈해 온다.

빈집

한 시간 남짓이면 갈 수 있는 거리다. 그곳을 떠나온 지 반세기가 지났다. 열 살 전후 십여 년을 살던 곳으로 온갖 추억이 담긴 마을인데 선뜻 가지 못하고 있었다. 행복했던 어린 시절 추억이 서린 곳이지만, 떠날 때의 지워지지 않은 아픈 기억이 있어서일까? 가슴에 묻어 두고 가끔 돌아볼지언정 가서 확인하고 싶지 않아서였다. 오늘까지의 삶에 방향과 빛깔을 형성케 한, 참으로 소중한 어린 시절이 묻힌 곳이다.

나이가 들수록 어린 시절의 기억을 돌아보곤 한다. 칠십을 넘기며 담담한 마음으로 동생과 함께 찾아갔다. 조금 돌아가지만 금강변으로 시원히 새로 난 길을 택했다. 금강 물은 예나 다름없이 흐르지만, 산은 짙게 푸르다. 마을로 가기 위한 먼 거리 산골길도 다 포장이 되었다. 산은 어디나 나무가 무성하게 우거졌다.

마을에 도착하니 내 마음속에 자리한 그곳은 정작 낯이 설다. 화려한 황금빛에서 서서히 잿빛 옷으로 갈아 입어가던 포근한 초가지붕은 간데없다. 사람들이 모여 정을 나누던 사랑방 같던 느티나무도 앙상한 고목으로 서 있다. 동네 샘도 흔적이 없다. 아이들이 뛰노는 모습이 사라진 마을은 정적에 묻혀있다. 사라진 것뿐인 빈 마을이라는 느낌이 마음에 젖어온다.

다만 산에 나무가 우거져 넉넉해 보인다. 옛적 뒷골 산에는 백토와 황토가 섞인 민둥산이 많았다. 산나물 캐러 가서 친구들과 미끄럼을 타는 것이 즐거웠다. 산에서 토끼 노루는 이웃집 강아지 보듯 흔했다. 마을에서 멀리 있는 깊은 산에는 나무가 있어 푸르고, 가까운 뒷골산은 흙산이었다. 뒷동산 소나무, 참나무 밑에는 갈퀴 자국으로 상처가 나 있지만 푸르다. 산 주인이 마을 사람이라 산을 지키기 때문이다.

이제 산은 풍요롭게 변했다. 그러나 사십여 분 머무는 동안 새소리가 없다. 뻐꾹새, 소쩍새, 꾀꼬리, 산비둘기 등 한순간도 쉬지 않고 지저귀던 새들의 울음소리가 사라진 것이 아쉽다. 산은 우거져 풍요롭게 옷 입었으나 정작 빈집이 되었다. 주인 없는 빈집, 시골에는 도시로 떠난 주인 잃은 빈집이 많다는 말은 들었지만, 설마 내가 살던 집이 사랑채도 헛간채도 사라지고 안채만이 빈집으로 쓸쓸히 서 있을 줄이야 상상도 못했다. 감나무, 밤나무 등 과일나무들도 간데없고, 울타리와 텃밭에 대나무만이 무성하다. 봄이면 마당까지 죽순을 뻗어 내리던 대나무,

옛집을 지키는 대나무 잎이 바람결에 스치는 소리가 스산하게 느껴진다.

옛이야기들이 잠들어 있는 집, 조부모님 슬하에서 깊은 사랑을 입고 인생의 도리를 배우며 익혀가던 추억이 담긴 집이다. 들어가 살펴보니, 우리의 손자국이 묻어나고 옛이야기가 흘러나올 것만 같다. 조선시대 등 너머엔 역원驛院이 있었고, 그 역참, 참봉이 살던 집이란 등 많은 이야기를 담은 고가였다. 오랜 세월 인간사의 애환을 담고 초라하게 서 있는 옛집을 뒤로하고 돌아오며 문명은 빈집들을 만든다는 생각을 했다.

도시에도 화려한 빈집이 많다. 사오십 평의 아파트가 낮에도 비어 있고 밤늦도록 불 밝히지 않는 빈집으로 깜깜하다. 며칠이고 어두운 창을 보며 화려한 문화 뒤에 묻힌 빈집을 본다. 집만이 아니다. 사람도 문명의 덕으로 화려한 학력과 지식, 높은 지위 수려한 외모를 지닌 이들 속에서 더러 빈집을 본다.

사람은 영육혼靈肉魂과 지정의知情意가 균형을 잃을 때 화려하고 부요한 속에도 아픈 함정의 빈집이 된다고 생각한다. 개인적인 이기적 욕망으로 인륜 도덕의 전통적 권위가 무너지고 있다. 세월은 변화와 순환의 연속인 필연을 알면서도 인륜人倫의 근본이 사라진 빈집은 아픔이라는 생각이다. 많이 가지고 누리기에 앞서 바르게 사는 인간의 가치를 헤아리는 인성에 앞서 인지에만 치중하는 현실이다. 앞으로 머리만 크고 가슴을 잃어가는 빈집이 늘어나지 않을까 우려스럽다. 부요와 편의를 선물한 문명에 감사보다는 아픔이라는 생각을 하며 옛 그 마을을 돌아본다.

감물은 지워지지 않는다

휘영청 밝은 달빛이 거실에 가득히 머문다. 추석이 지나고 며칠이 되었다. 친구가 보자기를 들고 왔다. 꾸러미를 펴고 주섬주섬 추석에 빚어 얼려두었던 반달 같은 송편, 오늘 손수 쑤었다는 녹두묵, 생선, 갖가지 전이다. 혼자서 먹으려고 음식을 하지 않았을 것 같아서 가져왔노라고 한다. 친구가 따스한 마음으로 정성 들여 만든 음식들을 챙겨서 냉장고에 넣는 내 손길이 떨린다. 사랑은 말이 없어도 감격으로 전이된다.

요즘은 상품화된 음식들이 많아 간편하게 살고자 떡은 떡집에 맞추고 반찬은 반찬 전문점에서 사다 먹는 집도 많다. 많이 해서 남기느니 먹을 만큼 사다 먹는 것이 경제적이고 시간도 절약이 되어 좋다고 한다. 문명은 생활환경을 많이 변화시켰다.

그러나 변하지 않는 것은 우리의 우정이다. 친구가 오늘 저녁은 자고 가겠노라고 한다. 남편이 세상 떠난 후 나를 배려하는 마음이 눈물겹게 고맙다.

칠십여 년 가까이 지난 세월 동안 서로 다른 인생길에서 십여 년씩 무소식으로 살기도 했다. 이십 년 전부터 우리는 한 도시에서 살고 있다. 이 친구를 생각하면 까마득한 옛길을 자주 더듬는다. 우리는 시골 초등학교 동창이다. 친구는 면소재지에서 살았고 나는 등 너머 산골 마을에서 살았다. 우리 집은 산 밑에 자리한 고가여서 옛 시골에 있는 과일 나무는 거의 있었다. 특히 감나무가 댓 그루 있었다. 가을이 오면 새벽부터 분주했다. 알밤, 호도, 대추, 홍시를 주워 간식이 풍부한 하루를 보냈다.

내 앞에 흔한 홍시를 볼 때마다 친구 생각이 났다. 하루는 홍시를 손에 들면 두 개밖에 가져다 줄 수 없어서 하얀 적삼 섶에 홍시 두 개를 말아 한 손으로 잡고 한 손엔 홍시 하나를 들고 뒤 사립문으로 나가서 친구 집을 향해 뛰었다. 아무리 달려도 이십여 분 이상 걸리는 거리다. 친구 집에 가니 친구는 없고 어머니만 계셨다. 온 얼굴에 땀으로 범벅이 된 나를 말을 잃고 바라만 보셨다. 감을 어머니 손에 쥐어 드리고 돌아서 집을 향해 뛰었다. 집에 와서 보니 적삼 섶에 감물이 들어 있었다. 어머니가 하필 앞섶에 감물을 들여 놓았느냐 하실 때나, 사람들이 내 적삼 섶을 보고 웃을 때마다 마음으로 미소를 머금고 친구를 생각했다. 하얀 그 적삼이 다 해지도록 감물은 지워지지 않았다.

지워지지 않는 감물처럼 우리의 우정은 백발이 되도록 더욱 두텁게 쌓여서 서로를 위한 기도의 성을 쌓으며 산다.

친구는 어릴 적 그림을 잘 그렸고 노래도 잘 불렀다. 예능에 재질이 있고 키도 크고 얼굴도 예쁜 친구인데 나서서 잘난 척하지 않고 조용히 자기 일에 열중했다.

한없이 선한 친구는 시골 부잣집 시조부모, 시어머니, 시누이, 시동생들 함께 사는 대가족 장손 며느리가 되었다. 시어른을 섬기며 농가에서 많은 일을 하느라 힘겨워 허리가 굽은 할머니가 되었다. 친구는 시부모님을 정성껏 섬기며 주부로서 본이 되는 삶을 살아서 시골 면내面內에 칭찬이 자자했다. 긴 병수발을 몇 년씩 하면서 효부상을 두 번이나 받았다. 대가족을 위해 헌신적 사랑을 베풀며 살아온 친구를 생각할 때 십자가를 바라본다.

친구도 결혼 전에는 교회를 다녔는데 결혼 후 다니지 못했다. 한 도시에 살면서부터 나는 친구에게 일하면서도 길을 걸으면서도 주기도문을 외우라고 늘 권했다. 전화위복이랄까 일을 마치고 돌아오는 길에 층계에서 쓰러지며 뇌를 다쳐서 뇌수술을 받았다. 친구는 나를 만나야 살 것 같아서 내 이름을 부르며 마취에서 깨어났다고 한다. 그 후 건강에 아무 이상이 없이 신앙생활을 하고 있다.

옷이 해어질 때까지 지워지지 않은 감물처럼 우리는 이제 그리스도의 보혈의 은총을 의지하며 믿음으로 하나 되어 있다. 일주일에 한 번씩 우리 집에서 저녁 예배를 드리고 서로를 위해

기도하고 있다. 순수한 사랑은 영원하다는 것, 사랑은 희생의 열매라는 생각을 하며…….

하늘을 바라본다.

제3부

달빛 속에서

산의 밀어密語

창 너머를 바라보니 언덕길에는 많은 사람들이 산에 오르고 있다. 이른 새벽부터 해 질 녘까지 산을 오르는 이들이 끊이질 않는다. 맑은 공기를 마시며 걷는 것이 건강에 좋다 하여 너도 나도 산에 오르는가 보다. 아파트 창가에 앉아 그 행렬을 바라보며, 지난 시절의 내 모습을 떠올리기도 한다.

산이 좋아 오르던 그때는, 일주일 중 삼 일은 산에 갈 계획과 기대로 살았다. 다녀온 후 삼 일은 묻혀온 산내음에 젖어 지내곤 했다.

오륙십 년대는 산에 다니는 사람이 거의 없었다. 경제적으로 힘든 때라 운동이나 취미를 생각할 겨를이 없었다. 나를 동생처럼 보살펴 주시던 분이 산을 좋아해서 산악반을 맡아 지도하고 계셨다. 나는 덕분에 설악산, 지리산 등 멀고 가까운 아름다운 산들을 두루 등반할 수 있는 행운을 누렸다.

그적엔 요즈음처럼 등산 장비가 편리하게 갖추어지지 못했다. 또 경제적으로 어려운 때라서 파카도 손수 지어 입고, 무거운 텐트의 각목을 배낭에 걸머지고 다녔다. 인원이 많을 때는 커다란 양은솥을 배낭 위에 얹어 둘러메고 다니기도 했다. 요즈음 젊은 이들은 상상조차 가지 않는 풍경이다. 빈 커피병에 김치를 담고, 감자와 양파를 넣은 된장찌개 준비를 해 가면 반찬은 끝이 난다. 어쩌다 콩자반과 멸치조림을 가지고 가면 그것은 특찬特饌이다. 그러나 일 년에 한번 있는 산악제를 지내는 밤은 먹을거리가 풍성했다.

어느 핸가는 계룡산에서 산악제를 올리게 되었다. 우리는 준비해 간 쌀가루를 암자에 부탁해 팥시루떡도 찌고 돼지머리를 준비했었다. 행사를 마치고 음식을 나누는데 돼지머리가 덜 삶아져 거죽만 익혀 있었다. 아쉽지만 밤이 깊었으니 내일 아침 다시 삶아 먹자며 잠자리에 들었다. 그런데 이튿날 일어나 보니, 사그라진 모닥불 가에 돼지머리 뼈만이 앙상하게 남아 뒹굴고 있었다. 학생들이 밤늦게까지 모닥불 가에서 이야기를 나누며 먹어치운 것이다. 그 모습을 상상하니 웃음이 나왔다. 한편 배탈이 나지 않을까 걱정도 되었는데, 아무 탈 없이 즐거운 등반을 하여 다행이었다.

산은 말이 없다. 다만 가슴으로만 들을 수 있는 산의 밀어가 있다. 태초의 장엄한 신비를 안고 숙연한 자세로 서 있는 산에 오르면, 원시의 아늑한 품을 느끼곤 한다. 바람소리에 묻어오는 숲 향기와 가랑잎을 머금고 진토 된 흙 내음은 발길을 멈추어 서게도 한다. 잠시 서서 올려다보는 숲에 걸린 푸르디푸른 조각 하늘은 금방 구슬이 되어 좌르르 쏟아질 것만 같다. 그 쾌적함이 가슴 뿌듯이 차오르면 나는 만복의 기쁨 속에서 생활의 활력을 찾는다.

무거운 배낭을 메고 산등성이를 오르면 온몸에 땀이 흥건하다. 그래도 묵묵히 정상에 올라 땀을 식힐 때 그 상쾌함은 어떤 말로도 표현이 되지 않는다. 그저 가슴 가득히 뭔가 충만함으로 뿌듯할 뿐이다. 아슴푸레 멀리 보이는 마을들이 수많은 인간사의 애환을 잠재우고 평화로운 풍경화로 내게 다가왔다. 그러면 내 삶의 뜰에 펼쳐놓은 무거운 짐들이 잊히고, 시간 감각이 상실되어 자유로움에 사로잡혔다. 산에서 살고 싶다는 생각이 이때에 치밀게 된다.

학교와 가정의 울안에서 교훈적 삶만을 익혀오다가 사회에 첫발을 딛었을 때에 전혀 다른 환경에 나는 당황했다. 적당히 타협되지 않은 젊음이 가치관의 혼돈으로 이어져 괴로웠었다. 이러한 고통도 산에 오면 잊혔다. 어쩜 이런 까닭에 내가 산을 더 찾았는지도 모른다.

야간에 산에서 일박을 하게 되면, 텐트 칠 자리 선정이 중요하다. 소낙비가 내려도 위험하지 않는 곳으로 택한다. 그래야 갑자기 부는 계곡물에서 안전하다. 그날도 우리는 속리산 정상 가까이에 있는 작은 암자 아래에 터를 잡고 짐을 풀었다.

산속의 밤은 빨리 왔다. 이튿날 산행을 하기 위해서 일찍 잠자리에 들었다. 텐트 옆의 작은 도랑물 소리는 여전히 내 마음속에서 졸졸 흘러가고 있었다. 아니 조약돌을 굴리며 도란도란 정겨운 이야기를 나누는 소리가 들려왔다. 그 소리에 도저히 잠을 이룰 수가 없었다. 텐트 문을 살그머니 열었더니 까만 밤하늘에 영롱한 별빛이 막 쏟아져 들어왔다. 이름 모를 풀벌레의 노랫소리도 요란스레 들려오고, 조약돌들도 저희끼리 소곤소곤 이야기를 나누는 듯했다.

— 오늘은 많은 식구가 왔지. 그런데 저 아가씨는 우리 얘기를 엿듣고 있었나 봐. 무슨 근심이 있나? 우리처럼 편하게 살지…….

조약돌들은 저희들끼리 나누던 말을 이젠 내게로 향하는 듯이 들려왔다. '우리는 우람한 바위도 될 수 없고 철 따라 옷을 곱게 갈아입는 단풍나무도 될 수 없지만, 우리 몫에 만족하고 산다. 어느 날 갑자기 억수로 쏟아지는 빗물에 쓸려 아랫마을 개천으로 밀려갈지 모르지만, 그건 그때 일이야.'

왜 갑자기 조약돌들의 소곤거림이 이렇게 느껴졌을까. 어쩜 내가 늘 세속에 물들어 욕심 많은 삶을 살았기 때문은 아닐까. 매사에 욕심을 버리고 순리대로 살라는 산의 계시가 내 가슴에 고요히 고였기 때문일 것이다. 그 밤은 너무도 신비로웠다.

산에는 순리의 기쁨이 있었다. 자연의 변화와 섭리에 순응하는 겸손한 생명이 있었다. 산은 많은 생각을 하게 했다. 장벽처럼 다가온 산더미만 한 절망도, 와르르 무너진 자존도 산 앞에서는 보잘 것 없는 것이었다. 모두 포용하며 산이 주는 평화와 관용을 받아들이라 한다.

심신이 고달픈 내게 산행은 청량제가 되었다. 현재의 소중함과 다르다는 것의 조화를 터득하게 해 주었다. 이해의 폭을 넓히며 사회생활을 익혀갈 수 있었다. 칠팔 년의 산행은 인생에 아름다운 한 폭의 수채화로 남아 있다.

오 초와 한 시간 사이

엘리베이터 안에서 자주 경험하는 일이다. 오늘도 젊은 엄마가 타자마자 작동버튼을 누른다. 문이 닫히는데 현관에 들어서는 사람이 함께 가자고 하나 엘리베이터는 못 들은 척 올라간다. 올라가는 순간 몇 년 전에 외국에서 한 시간을 기다렸던 생각이 난다.

십여 년 전 미국 기차여행(암트랙)을 하면서 며칠을 생각에 잠겼던 기억이 되살아난다. 캐나다 밴쿠버에서 버스로 미국 시애틀로 향했다. 버스 도착 시간과 기차 출발 시간이 이십 분 여유밖에 없어서 조급한 마음이었다. 막상 도착하여 표를 사고 출발 시간을 기다리는데 한 시간이 지연되었다.

기차를 타기 위해 기다리는 사람은 노인, 젊은이, 어린이, 백인, 흑인, 황색인 등 다양한 얼굴빛의 사람들이다. 의자에 앉고 서서 묵묵히 기다리고 있었다. 누구 한 사람 창구에 가서 늦어짐을 문의하는 이도 없었다. 시발역에서 출발시간이 늦어지는데 대한 불평이나 불만, 초조한 분위기는 전혀 보이지 않았다. 여유 있는 자세로 책을 보거나 담소를 하며 조용히 기다린다. 그 모습을 보며 무엇이 이들을 이렇게 여유 있게 할까 생각해 보았다.

마침 방송에서 장애인과 노인을 먼저 줄 서게 하여 개표를 시작했다. 너무나 당연하고 자연스러운 분위기에 나는 생소함을 느꼈다.

기차에 올라 자리를 찾아 앉아서 많은 생각을 했다. 내 고장 기차역이었다면 어떤 분위기였을까. 우리는 '빨리 빨리'가 생활 주변에 온통 깔렸고 성급하다. 기다림에 익숙하지 못하다.

바로 그 시기에 내가 사는 아파트 엘리베이터에 작동 버튼을 고정시켜 놓았었다. 버튼 한번 누를 때마다 전기료가 20원이 든다는 것이다. 그런데 주민들의 불평이 많아서 고정시킨 것을 풀어 놓았다. 층수만 누르고 오 초만 기다리면 자동으로 올라가고 내려오는데 오 초를 기다리지 못한다는 것이다. 우리 주변이 이렇게 성급하고 삭막해져가고 있는가를 생각할 때마다 옛날 내가 살던 시골마을이 떠오른다.

동네 초상이 나면 집집의 굴뚝에 연기가 나지 않았다. 초상집에 가기 때문이다. 함께 울고 함께 웃는 이웃이었다. 소나기가 쏟아져도 급히 뛰지 않고 소고삐를 잡고 걷던 이웃 아저씨 모습이 떠오른다. 어른들은 아이들을 심부름 보내며, '뛰지 마라, 서

둘지 말라.'고 늘 이르셨다. 심고 가꾸고 거두는 자연의 섭리가 생활 속에 함께하고 높고 푸른 하늘을 마당에 들여 놓고 바라볼 수 있는 여유가 있고 숨결이 살아 있었다. 지금 우리가 사는 공간은 한정되어 있고 모가 나 있다. 답답하다. 자연과 멀고 조작된 기계 속에 살고 있기 때문에 기다림에 인색하고 성급한가 하는 생각을 해 보았다.

기차를 타고 열 시간을 달려도 창밖은 풍요로운 들녘이 있는가 하면, 분지다. 그 위에 하늘은 파랗고 금방이라도 파란물이 되어 쏟아져 내릴 것 같이 맑고 푸른, 참 오랜만에 보는 하늘이다. 창밖으로 스치는 푸른 숲, 동화 속에서 나오는 빨간 지붕의 집들이 드문드문 숲에서 머리를 내어 밀고 있다. 이 아름다운 풍경, 성급함과 여유는 인공과 자연의 차이다. 이 광활한 땅에서 인간이 성급하게 달린들 얼마나 가겠는가. 몇 시간을 달리다 보니 사막이 있는가 하면, 우리나라에선 몇 백 미터 지하에 있을 석탄이 작은 산봉우리를 이루고 있다. 광활한 자연과 풍요로운 자원이 주는 미국인의 여유라는 생각을 하며 자연이 살아 숨쉬는 환경이 참 부럽다.

출발역의 분위기를 회상하며 또 다른 이유가 떠오른다. 다민족 공동체 여러 빛깔의 얼굴과 성정이 뒤섞여 엇갈리지 않고 여러 색깔이 합쳐서 아름다움을 이루고 있다. 여기에 더 깊은 이 나라의 근본 질서가 있다. 미국을 건국한 영국 청교도들의 깊은 신앙이 토대가 되었으리라. 믿음에서 거듭나 자기를 돌아보고 정직하고 겸손히 섬기며 인내할 줄 아는 문화가 정착되었으리라 믿는다.

어느 역사문화권이나 도시의 관광이 아니고 기차로 일주일을 달리며 인간적 통제에서 벗어난 듯 자유로웠다. 오 초와 한 시간 사이를 놓고 자유자재로 많은 생각이 오갔다. 그적보다 전기료도 올라 오 초에 이십 원이 아니겠지 혼자 미소를 머금는다.

그 후로 나는 엘리베이터에서 층수만 누르고 기다리는 습관이 정착되었다.

감나무

늦은 가을이다. 차창으로 비치는 시골 풍경이 새롭다. 집 울타리나 밭가에는 소담스럽게 열매를 매단 감나무가 있다. 감잎은 다 져버려 회색빛 나목이다. 왜 이제까지 따지 않았을까? 지금쯤이면 까치밥으로 몇 개만을 나무에 남겨 두었을 시기인데…….

나는 가을이 오면 어린 시절 살던 시골집과 함께 감나무를 떠올린다. 아직도 푸르게 내 안에 살아 있는 감나무는 만 가지 이야기를 가슴에 안은 오랜 친구 같다. 우리 집엔 감나무가 여섯 그루 있었다. 그중 뒤란에서 위로만 높다랗게 솟던 반시감나무와, 텃밭 가에 느티나무처럼 풍성한 가지를 거느리고 실하게 섰던 월하감나무가 지금도 기억에 생생하다. 반시감나무는 고목이었으나 월하감나무는 심은 지 십 년밖에 안 되는 젊은 나무였다.

감꽃이 피면 감꽃 목걸이를 만들어 목에 걸고 '언제 감이 익으려나?' 하고 감나무 아래서 고개를 젖히고 올려다보곤 했다. 월하는 가을 향을 맡으면 갓 시집 온 각시처럼 얼굴에 홍조를 띠었다. 그 수줍은 얼굴을 감추며 텃밭으로 떨어지지 않으려고 가지 끝에 매달려 있었다. 집안에는 대추, 호두, 살구 등의 유실수가 있었지만 그중 유독 감이 좋았다. 감은 최고의 과일이었고 간식거리였다. 감은 한겨울이 깊어갈 때까지 우리의 미각을 움켜쥐고 놓아주지 않았다.

홍시가 떨어지기 시작하면 새벽이 바쁘다. 일찍 일어나 큰 바가지를 들고 새벽마다 감나무 밑을 더듬어 홍시를 줍는다. 어둑어둑한 새벽이라 풀숲에 떨어진 홍시를 밟고 쭈르륵 미끄러지기도 한다. 동생들과 누가 먼저 일어나 수확을 올리나 시새우기도 한다. 홍시를 많이 줍는 사람이 그 날 세를 누린다. 나누며 인심을 쓰는 기쁨을 얻는다. 이가 없는 할머니께 홍시 씨를 빼고 껍질을 벗겨 그릇에 담아 드리면 수저로 떠드시며 달다달다 하시며 흐뭇해 하시던 모습이 눈에 어린다.

나는 익은 땡감의 맛이 지금도 입에 감돈다. 입으로 베어 물면 감에 서릿발처럼 희붉게 줄이 서린다. 입에 넣고 씹으면 입안이 가득해지고 떫으면서도 달착지근한 그 독특한 맛에 끌리어 가슴이 빼근한 고통이 있는 것을 알면서도 따먹곤 했다. 답답한 가슴을 주먹으로 두드리며 '땡감 먹고 첸 데 무엇이 약이야, 김치 국물이 약이지.'라는 동요를 부르며 열무김치 국물을 마시면 가슴이 쑥 뚫렸다.

우리 집 감은 뒤란의 반시감만 빼고는 모두 월하감이다. 월하는 홍시, 곶감으로도 좋지만, 뜨뜻미지근한 물에 우려먹어도 좋다. 추석 때는 많은 감을 따서 씻어 항아리에 넣고 따스한 물에 소금을 넣어 저어서 붓고 하룻밤을 두면 떫은맛이 없어지고 특유의 감칠맛이 나온다. 우려진 감을 친척들과 나누어 먹으며 즐거워했다.

붉게 익은 감을 뒤란 큰 항아리에 감잎을 한 켜씩 놓으면 홍시가 되었다. 눈이 내리는 겨울밤 등잔불 앞에서 옛이야기를 들으며 홍시를 내어다 놓고 먹었다. 너무 차가워 이가 시려 후후 입으로 불어가며 먹었다. 홍시 맛과 이야기 맛이 어울리는 그 겨울밤이 그리워진다.

익은 감을 정성 들여 깎아 채반에도 널고, 또 실에 줄줄이 꿰어서 매달아 말린다. 말린 감을 손으로 납죽하게 모양을 내서 바람을 쐬면 하얀 분이 피어난다. 그 곶감은 인정의 날개를 달고 멀고 가까운 친지들에게로 간다. 감이 주는 즐거움이었다. 곶감은 수정과도 만들어 먹고 일찍 깬 새벽 간식으로 누룽지와 곶감은 시샘을 하며 맛을 자랑한다.

그적에는 감나무에 대한 칭송이 자자했다. 어른들께서는 감나무는 덕과 오절을 갖춘 나무라고 했다. 치아가 없는 노인들도 홍시를 먹을 수 있어 효자 나무라고 했던 기억이 되살아난다. 복숭아는 사람이 일일이 손을 써 솎아 주어야 하지만, 익지 못할 감은 스스로 미련 없이 떨어진다. 요즈음처럼 욕심으로 분수를 잃어 가는 세상에서 이런 모습은 우리에게 귀감이 된다는 생각을 하게 한다.

옛 추억을 회상하며 달리다 보니 어느덧 목적지 기도원에 도착했다. 기도원 입구 외딴집 울타리에 서 있는 감나무에도 감이 주렁주렁 달려 있다. 가까이 보니 싱싱하지 않고 홍시가 된 듯 탄력이 없어 보인다. 사립문 앞에 홀로 앉아 우리를 바라보던 그 외로워 보이는 할머니의 주름진 얼굴을 닮은 듯하여 쓸쓸함이 가슴에 번진다.

대청댐으로 수몰된 외진 시골이라서일까? 이곳뿐 아니라 시골에는 노인들만 사는 집이 많아 감을 따기가 어렵다는 소리를 전해들은 기억이 있다. 산업화로 전통 대가족제도가 무너지고, 핵가족이 되어 노인이 홀로 쓸쓸한 노후를 보내는 분이 많다. 요즘엔 외국 과일이 다양하게 들어와 감이 예전의 위치를 잃고 어린이들에게 환영받지 못하는 것 같다. 시대 변화로 소외된 노인의 외로움과 철 지나도록 나무에 매달려 있는 감이 비슷한 처지인 듯해 서글픈 감회가 가슴을 적신다.

오랜만에 걷는 시골길 낯선 풍경을 보고 많은 생각을 한다. 높고 푸른 가을 하늘을 이고 단풍 든 감잎 사이로 얼굴을 내민 붉은 감, 그 풍요로운 감柿만을 가슴에 담고 싶다. 땡감의 환미幻味가 입안에 감돈다.

그 봄은 따스하게 다가선다

봄이 오는가 보다. 거실 창 너머로 앞 산 언덕 과수원에서 나물 캐는 이들이 보인다. 이때가 되면 살짝 고개를 드는 아린 추억 하나가 있다.

어린 시절 내가 살던 시골 마을에 봄이 오고 있었다. 개울 가 버들가지에 새 눈이 싹트고 논밭둑은 파란 새싹으로 덮여가고 있었다. 봄은 잠자듯 고요한 마을을 깨우고 우리 집 까만 염소도 새끼와 함께 밖으로 풀려 나와 산언덕에서 풀을 뜯곤 했다.

그날 친구 언년이랑 보리밭 이랑 사이로 파랗게 돋아난 나물을 캐고 있었다. 양지바른 둑에는 보얀 쑥이 돋아나 있고, 난 그 애기쑥을 따라 멀리 가고 있었다. 그때 친구의 우는 듯한 다급한 소리가 들렸다. 돌아보니 친구네 강아지가 우리 새끼 염소를 물려고 덤비는 것이었다.

놀라서 소리를 지르며 달려가 보니 친구는 새끼염소를 치마폭에 가리며 연신 강아지를 쫓고 있었다. 눈에는 눈물을 머금고 이마엔 땀방울이 송골송골 맺혀 있었다. 겁에 질린 듯한 친구를 보며 염소를 감싸 안았다. 그제야 친구는 자기네 강아지를 앞세우고 집으로 갔다. 나는 캐던 애기쑥이 아쉬워 둑을 바라보며 "나물 그만 캘래?" 하고 물었다. 그는 그냥 말없이 고개만 끄덕이며 돌아서 갔다.

그 친구의 뒷모습을 보며 '강아지가 염소를 물려고 하는 것에 그렇게 놀라 나물 캐는 것까지 포기해야 하나? 강아지가 장난을 한 것인지도 모르는데…….'라는 생각이 들었다. 그 순간 친구 아버지의 모습이 떠올랐다. 그 친구 아버지는 그날 아침 큰 함지박을 들고 고지쌀을 얻으러 오셨었다. 연신 어색하게 웃으시던 그 모습이 친구의 두려움에 차 있던 모습과 겹쳐 다가왔다. 힘없이 돌아서 간 친구의 마음이 어렴풋이 헤아려지며 난 눈물이 왈칵 쏟아졌다.

친구의 아버지는 가끔 우편물을 들고 와 우리 아버지께 읽어 달라고 하셨다. 그 처리방법도 듣고 가셨다. 늘 우리 집 농사일을 도와주시며 순박한 웃음을 지으시곤 했다. 그 온화한 모습을 보고 마음씨 좋으신 아저씨라고 생각했다.

그 뒤로 친구와 친해지고 싶어서 그 집엘 자주 놀러 갔다. 친구네 집은 방문 앞에 넓은 돌을 놓고 그 돌을 밟고 방으로 들어가는 마루도 없는 집이었다. 벽도 진흙으로 바르고 벽지를 입히지 않아서 방엔 흙냄새가 가득했다. 나는 그 냄새가 시원하고 좋아서 코를 벌름거리면 친구 어머니는 내 머리를 쓰다듬어 주시며 조용히 웃으셨다. 방바닥도 왕골자리를 깔았다. 꺼칠꺼칠하고 참 낯설었다. 지금 생각하면 순수한 자연이 살아 숨쉬는 방이었다. 우리가 저녁때 마당가에서 놀고 있노라면 친구 어머니가 “분꽃 피었니? 저녁밥 짓게.” 하고 물으시기도 했다. 우리는 담 밑 꽃밭에 분꽃이 피었는지 확인하고 “분꽃 피었어요.”라고 소리쳤다. 그러면 친구 어머니는 하얀 앞치마를 두르시고 부엌으로 나오셨다. 그리곤 물동이를 이고 동네 샘으로 물을 길러 나가셨다. 그 모습이 지금도 눈에 선하다. 옛날엔 분꽃이나 해 그림자가 시계노릇을 한 셈이다.

그 마을로 이사 간 지 일 년밖에 되지 않았던 해의 일이다. 난 가난한 시골 환경을 잘 몰랐었다. 그날 이후 관심을 가지고 보니, 친구 오빠는 징용을 가고 언니와 여동생, 친구네 집은 딸만 있었다. 온 식구가 글도 모르고 착하기만 했다. 부지런히 일하며 소박한 정이 가득한 가정이었다. 가난에 대한 부끄러움이나 불평이 없이 봄날처럼 따스한 분위기였다. 이렇게 애틋한 한 토막의 추억이 아직도 내 가슴에 남아 있는 것은, 그때 남의 아픈 마음을 헤아리는 첫 경험을 했기 때문이다.

지금은 사십 년대에 비해 물질적으로 풍요로워졌고 주거환경이 새롭게 변하여 생활이 편리해졌다. 그러나 나는 텔레비전 뉴스를 보기가 두렵다. 물질문명에 편승한 개인주의는 나만이 많이 가지고 누리는 것이 최상인 양 되어 극단으로 치닫는 죄를 낳고 있다. 실용적 가치에만 치중하는 현실이 두렵다. 가난하다는 이유로 가정이 흩어지고 아이들이 무참하게 버려지는 아픔을 본다. 아빠와 어린 남매가 사는 이웃 가정이 교회에 나오게 돼서 예배도 드릴 겸 자주 들렀다. 그 애들의 엄마가 가출하여 어느 업소에 있었으나 아이들을 위해 용서하고 집으로 돌아오게 했었다. 서너 달을 채우지 못하고 다시 가출했다. 시골 계신 칠십대 할머니가 오셔서 살림을 하고 계셨다. 이 아이들에게 엄마를 어떻게 설명할 수 있을까? 그들이 멀리 이사 가는 날 배웅을 갔었다. 구김 없이 자라기를 기원하면서 마음이 시려오는 한기를 느꼈다.

내 어린 시절의 세상은 가난했지만, 다정한 이웃이 있었고, 나눔이 있었다. 인정과 양심이 살아 숨쉬었다. 그래서 평화스러웠다. 다시 돌아갈 수는 없지만, 천진무구했던 어린 시절의 인정에 얽힌 추억들이 지금의 살벌한 현실을 보며 미소로 떠오른다.

어린 시절의 봄날은 인정의 햇살이 맑게 비치는 따뜻함이 있다.

소牛가 운다

소를 생각한다. 옛 농촌 마을 풍경 속을 간다. 어린 시절 가슴에 각인된 소에 대한 갖가지 그림이 현실처럼 다가선다. 도랑 가 산언덕에서 풀을 뜯던 소가 뻐꾸기 소리에 화답하는 양, 음매 하고 순한 울음을 공중에 날리던 그 여운……. 소가 만들어내는 분위기는 여유와 평화로운 정서다. 십여 세 아이 손에 고삐를 맡기고 느릿느릿 걸어도 앞서서 집을 찾아가는 모습은 한 폭의 동양화다.

요즈음 뉴스 시간마다 미국산 쇠고기가 텔레비전 화면을 메우고 있다. 한정된 공간에서 인공사료를 먹는 소를 본다. 나도 우유를 마시고, 쇠고기를 먹는다. 그러나 젖소나 식용육우[食用種]에는 아랑곳없다. 옛 시골 마을에서 식솔처럼 함께하던 일하는 소[役牛]만이 더 선명하게 눈에 어린다.

소는 상일꾼이었다. 논밭을 갈고, 짐을 실어 나르고, 달구지를 끌었다. 소가 연자방아를 끌며 빙빙 도는 모습을 보고 어지럽지 않을까 망연히 서서 바라보기도 했다. 소는 많은 일을 하면서 싫은 내색도 없다. 순박한 시골 인심처럼 순하고 충직한 소는 느리지만, 성실하고 근면한 가축이었다. '소같이 일한다.', '소 잃고 외양간 고친다.' 등. 소에 얽힌 속담도 많다. 주인을 구하고자 호랑이와 격투하다 죽은 우의총이 상주에 있다.

소는 사람과 함께 생활하기에 정과 눈물이 있었다. 오래 기르던 소를 팔려고 장에 가는 날 어찌 알고 닭똥 같은 눈물을 뚝뚝 떨어뜨리는 것을 보고, 어린 시절 할머니도 울었노라는 이야기를 들려 주셨다. 송아지를 떼어 장에 가 팔아버리면 어미 소가 며칠을 슬프게 울었다. "저 짐승도 자식 생각이 나서……." 하시며 먼 산을 바라보시던 할머니. 오쟁이네 새로 사온 송아지가 어미 생각이 나서 애잔하게 우는 밤엔 나도 울었다. 송아지 울음이 서럽게 마음에 닿았고, 나도 엄마를 떨어진다는 상상을 하며 가슴 죄는 공포까지 경험했다.

소는 들에서는 풀을 뜯어 먹고, 집 외양간에서는 여물을 먹는다. 작두로 볏짚을 잘게 썰어 큰 가마솥에 콩깍지, 쌀겨 등을 넣고 쌀뜨물을 끼얹어 끓인 여물이다. 가끔 영양식으로 콩을 조금 넣기도 했다. 끓인 여물을 구유에 부어 주면 후후 불며 맛있게 먹고 나서, 편안히 앉아서 그 큰 순한 눈을 껌벅이며 되새김으로 입을 놀렸다. 무슨 생각을 하고 있나 그 눈동자를 들여다 보곤 했다. 소는 위가 네 개로 반추동물이라는 것을 모르던 그 어린 시절 참 신기하게만 느껴졌다.

가을에 벼를 거두어들인 마른논에 보리나 마늘을 심는다. 건답을 쟁기로 갈고, 흙덩이를 부수기 위해 가마니나 판자로 만든 써레를 끌었다. 써레판에 돌과 같은 무거운 것을 올려놓고 끄는 일은 모두 소의 몫이었다. 어느 날 친구 아버지가 나와 친구를 타게 하고 소를 몰았다. 머리 위에서 하늘도 가고 논두렁도 달리고, 그 써레에 앉아 맛본 고소함을 표현할 말이 없었다. 한참이 지나서 소가 헉헉하는 숨소리에 미안해 나는 내렸다. 아버지가 왜 내리느냐 하시기에 소에게 미안해서라고 답한 적이 있다. 그때 아버지는 소에게 속삭이듯 무어라 하시더니, 소가 괜찮다고 하니 다시 타라고 하셨다. 다시 써레 위에 타고 친구 손을 잡고 즐거운 시간을 보냈다. 우리가 "고마워, 고마워." 하며 다리를 어루만져 주니, 소는 꼬리를 흔들며 기뻐하는 듯했다. 이런 우리를 바라보시던 아버지의 미소는 추억 속에 남아 있다.

고대사회에서 소는 주로 제천용이나 순장의 희생용으로 사용되었지만, 철기문명과 함께 몇 천 년을 농경문화 발달에 헌신한 소는 농촌의 상징이라고 생각한다. 소는 죽어서도 하나도 버릴 것이 없이 사람을 위해 살, 뼈, 내장, 가죽까지 쓰인다. 이 세상에 소같이 고마운 동물이 있겠는가. 사람과 더불어 자연 속에서 천분을 다하던 소다. 그러나 소는 문명의 산물 기계화로 일자리를 잃었다. 편해져서 즐거워할까? 아쉬워할까?

인간이 창조물인 문명은 순리를 역행하여 조화를 파괴한다는 생각이다. 이러다간 사람도 문명의 발달로 인한 기계화로 일자리를 잃어 방황하는 시대가 오지 않을까…….

한적한 마을에서 산새들의 노랫소리를 밀치고 고요를 가르던 소의 울음소리, 그것은 자연의 조화로운 화음이고 찬양이었다. 외양간에 갇힌 소도 우는가? 오직 살을 찌우기 위해 먹기만 하는가? 소리 없이 마음으로 우는 모습을 상상해 본다. 소의 울음을 마음으로 듣는다.

창은 안으로 열린다

쉬어가자. 이 고개 마루턱에서 유난히 변화가 심하다. 쉬면서 뒤를 돌아본다. 인생칠십고래희人生七十古來稀란 말이 있듯이 옛 사람들은 나이 칠십 세가 흔치 않았다. 현대 문명과 함께 인간의 수명이 길어져서 인생은 칠십부터란 말을 한다.

사람의 육신적 정신적 성장에도 고비가 있듯이 늙어 가는 길에도 고비가 있음을 느낀다. 나이 칠십에서 아차 하고 놀랄 정도로 변화를 감지한다. 젊어서는 이루지 못한 일이라든지, 세월이 간다는 것에 대한 아쉬움이 있었다. 새해를 맞으면서 일기장을 새것으로 사서 쓰기 시작하고 새로운 계획도 세우며 희망에 차게 된다. 이제는 세월이 가고 옴에 담담하다.

어린 시절에는 명절, 생일, 제사 등 이름 있는 날을 손꼽아 기다려도 시간은 기어만 갔다. 젊은 날의 시간은 활보라고 할까. 나이 들고 보니 번개처럼 지나간다. 다만 보내고 맞는 시간에 담담할 뿐이다. 나이 칠십에 들어서면서 내게는 다 평일이란 생각을 한다.

칠십이 되니 건망증이 더욱 심해졌다. 가까운 사람 이름을 잊어버려 놀라기도 하고, 택시를 타고 목적지 아파트 이름이 생각나지 않아서 한순간 곤혹스러운 때가 있다. 친구들도 모이면 건망증 타령이다. 무선전화기를 종일 찾다가 저녁반찬 내려고 냉장고를 여니 전화기가 있었단다. 시장에서 사온 북어 꾸러미는 신발장에 놓고 신발을 부엌으로 들고 들어왔다는 등 희한한 경험들을 이야기한다. 건망증뿐인가, 칠십이 되니 얼굴에 검버섯이 언제 생겼는지 쫙 깔렸다. 두서너 개 셀 정도였는데 나도 모르게 잠잘 때 뿌렸는지 신기하다. 더 신기한 것은 건망증도 검버섯에도 담담하다는 것이다.

요즈음은 회갑잔치를 하지 않고 칠순잔치를 한단다. 나는 칠순 기념으로 십여 년 만에 일본여행을 했다. 많은 변화를 느꼈다. 늘 계속되는 일상이 아니고 십 년을 뛰어 넘으니 변화의 느낌이 뚜렷하다. 일본엔 몇 번 갔었다. 갈 때마다 소화도 되지 않고, 여행하는 즐거움이 없었다. 주로 화실을 택해 들었기에 방에 신주를 모시던 곳에 인형이나 일본 특유의 인물화가 걸려 있다. 그것이 영 싫었다. 관광지 신사나 절에 가면 종이에 소원을 써서 접어 나무에 매어 달아서 사람 손이 닿는 데는 푸른 잎이 없는 곳이 많다. 가는 곳마다 신 모시는 제단이요. 우상제단이다.

거부감을 느꼈다. 내 중심에서 나쁜 면만을 보게 되었다. 일본에 대한 편견에서 더욱 심했다는 생각이다. 이번 여행에서는 그들의 장점을 볼 수 있었다. 그들의 문화려니 하고 이해할 수 있었다.

늘 한번 가기를 원했던 다데야마[立山] 3400km의 산을 넘었다. 우리는 단일 코스를 택해 세 시간 남짓 걸렸다. 감탄할 만큼 돈벌게 만들고 가꾸어 놓았다. 산악전철로 경사를 오르고, 수천 평의 평원을 버스로 달렸다. 정작 높은 봉우리는 전철 버스가 굴로 달렸다. 세 시간 넘는 동안 도보는 십오 분 정도 호수의 방파제를 건넜을 뿐이다. 여섯 번 갈아타는 코스에 기다림이 없이 연결되었고 깨끗하고 사람들은 친절했다. 가는 곳마다 허술함이 없이 안전하게 가꾸어 놓았다. 수입원을 철저하게 관리하는 것, 배울 점이라는 생각이다.

사람은 자기 스스로를 바로 아는 것이 중요하듯이 상대를 바로 아는 것 또한 소중하다는 생각을 했다. 감정이나 편견으로 상대를 보지 않고 그 자체를 바로 볼 수 있는 것을 나는 칠십 년이라는 세월이 주는 선물이라고 생각한다. 칠십 고개에서 각별한 변화를 체험하면서 내리막길을 예비해야지, 죽음을 준비해야지, 생각하니 까맣게 잊고 있던 할아버지께 듣던 오멸론이 생각난다. 죽음을 두려워하지 않고 평안한 마음으로 가기 위한 준비 철학으로 멸재滅財, 멸원滅怨, 멸채滅債, 멸정滅情, 멸망滅亡을 말씀하셨다.

깊은 철학의 경지에 앞서 뒤를 돌아보자. 짐을 가볍게 하자.

다 내려놓자는 생각이다. 매사에 집착하지 않게 되니 자유롭다. 신앙 안에서 죽음 너머에 새로운 세계가 있다는 신념을 가지고 사니 평화롭다. 칠십 고개 마루턱에서의 창은 안으로 열린다.

한술네 머슴

노인은 과거에 젖어 살고 어린이는 미래에 산다는 말처럼 나도 나이 든 탓일까, 어린 시절을 자주 돌아본다. 흙냄새와 풀냄새가 짙은 산골마을, 계절에 따라 변하는 아름다운 풍경 속을 간다. 순박하고 조금은 슬픈 옛 이야기들 속에서 웃고 또 눈물지으며 인생을 배웠다.

그적엔 요즈음처럼 핵가족이 아니고 대부분 대가족이었다. 우리 집도 조부모님을 모시고 살았는데 할머니를 무척 좋아하고 따랐다. 나이가 내 할머니 연세쯤 되고 보니 중년의 기억보다 할머니와 함께 지내던 어릴 적 추억이 더 가까이 다가온다. 더욱이 겨울 밤 등잔불 아래서 질화로에 밤을 구워 먹으며 듣던 옛날이야기들이 새록새록 생각나곤 한다. 많은 이야기들 중에서도 '한술네 머슴' 이야기가 아직도 또렷이 생각난다.

할머니는 당신이 어릴 적 이웃에서 있었던 실화라면서 들려주셨다. '한 술' 요즈음 젊은 사람들에겐 이 말조차도 생소할 것이다. 생소하다기보다는 처음 듣는 말일지도 모른다. 그 무렵엔 '한 술 더 드세요.' '밥 한 술 더 주세요.'라는 말은 밥상 앞에서 흔히 오고 가던 말이고 끼니때마다 찾아오는 거지도 대문 밖에서 '밥 한 술 주시유.' 하곤 했었다.

요즈음에야 식생활이 다양해지고 간식이 풍부해져서 밥에 대한 절실함이 없다. 내 어릴 적만 해도 시장기를 메우는 것은 오직 밥이었다. 지금은 농촌에서도 기계화가 많이 되어서 농사일도 하루 일당으로 일꾼을 쓰고 있다. 옛날에는 농토가 많은 집에서는 농사철에는 놉을 얻어 일을 하고, 또 일 년 계약으로 상주하는 머슴이 있었다. 일 년 새경이 능력에 따라 달랐다. 옷은 철따라 해 주었다. 그 시절에는 새경도 옷도 중요하지만, 하루하루 제때에 밥을 먹는 것이 무엇보다 중요했다. 지금처럼 고기를 많이 먹거나 칼로리를 따져 영양식을 먹는 것도 아니고 푸성귀 반찬에 된장국이 고작인 때였다. 일꾼 밥은 주걱으로 두드려 밥그릇 위로 올려 담았다. 이런 일꾼 밥을 나는 백두산이라고 말하곤 했다.

할머님이 들려주신 '한술네 머슴'은 순박하고 가난한 총각이 머슴살이를 하는 이야기이다. 그때 주인댁이 어찌나 인색했던지 '쌀이 금이다.' '적게 먹고 적게 쓰는 것이 버는 것이다.'라고 말하며 밥을 조금 주어서 늘 배가 고팠다. 머슴은 간에 기별도 가지 않는다고 말했다. 산에 나무하러 가면 우선 머루, 다래를 찾아 따먹곤 했다. 그러나 그 무렵에는 상전을 어려워하고 섬기는 관계여서 밥이 적으니 더 달라고 하지 못했다. 벙어리 냉가슴 앓듯 참고 견디며 전전긍긍할 뿐이었다고 한다.

그 머슴을 지켜보던 친구가 꾀를 내서 일을 꾸미기로 했다. "내일 아침에 내가 자네 집 담 너머로 '한술네 머슴' 하고 부르면 대답하게나." 약속한 다음 날 아침 머슴이 마당을 쓸고 있었다. 친구가 담 너머로 고개를 치켜들고 "한술네 머슴." 하고 몇 번 소리쳐 불렀다. 그리고 "오늘 뒷골로 나무하러 가세. 아침 한 술 뜨고 오게." 했다는 것이다. 그때 머슴이 친구 쪽을 향해 소리를 쳤다. "남이야 한 술을 먹든 말든 무슨 상관이라고 이름까지 고쳐서 한술네 머슴이라 하느냐." 화가 난 듯 친구 쪽으로 싸울 듯이 다가갔다. 그 소리를 들은 주인이 왜 이러는가? 하고 귀를 기울였다. 내용을 듣고 슬그머니 뒤란으로 사라졌다. 그날 아침 밥상에는 밥이 주발 위로 소복하게 올라와 배고픔을 면했다는 이야기였다.

요즈음 아이들에게 옛날에는 밥이 없어서 배가 고픈 사람이 많았다고 말하면 '왜 라면을 먹지 않았냐?'고 묻는다는 얘기가 있다. '한술네 머슴' 이야기는 이해할 수 없는 전설일 것 같다. 텔레비전에서 자주 노사분규로 머리에 붉은 띠를 두르고 박자에 맞추어 손을 저으며 구호를 외치는 대열을 볼 때도 머슴 이야기가 생각난다.

내 할머니가 살아 계셔서 이런 모습을 보신다면 무엇이라 말씀하실까? 사오십 년 세월 사이에 경제는 크게 발전해서 모든 것이 풍요롭게 되었다. 개인의 인권도 많이 신장이 되었고 노동권도 성취되었다. 이렇게 문명이 발전되어 생활이 편리해지고 풍족해졌지만, 요즈음 세태를 보면서 소중한 무엇을 잃어 가는 아쉬움이 가슴에 머문다.

한술네 머슴의 낮은 담 너머로 친구의 따스한 인정이 전해지고, 그렇게 짧은 연극에 선뜻 돌아서는 주인집 양심의 여울, 한마디로 표현되지 않는 훈훈한 인정에 고향 같은 푸근함이 있다. 그런데 현대는 편리하고 넉넉한 가운데서도 더 가지고자, 더 누리고자, 또 성취하고자 하는 욕심 때문에 절제나 한계를 넘어 소중한 것을 잃어가고 있다. 이웃을, 인정을 잃어 가는 허전함이 내 마음을 차갑게 스쳐간다. 내 이런 생각이 시대에 뒤떨어진 촌티 나는 유산이라고 말하는 이도 있을 것이다. 가난하지만 순수한 인정이 살아 숨쉬는 '한술네 머슴' 이야기가 자꾸 돌아보아지는 것은 외면할 수 없는 마음이다.

도심의 숲길을 걸으며

낙엽을 밟으며 걷는다. 이 길을 일주에 세 번 걷는다. 오늘도 차량들의 행렬이 번잡한 거리, 소음과 공해로 가득 찬 대로를 건너왔다. 늘 다니는 길이지만 긴장한다. 건널목에 파란 신호등이 켜지자마자 달리던 차가 멈추어지지 않는지 씽 하고 달려간다. 인간이 이룬 문명은 편리하지만 위험을 동반한다. 그 길을 건너 식당들로 연이은 골목길 양쪽에는 간판들로 휘황찬란한 길을 지나 이 길로 들어선다.

신선한 숲길이다. 한 도시 안에 전혀 다른 분위기의 평화로운 길을 걷는 십여 분, 시간과 공간을 넘어 삶의 근원적인 생각에 잠기게 한다.

이곳은 조성된 지 삼십 년이 가까운 대단위 아파트단지다. 지하주차장이 없어 아파트 사이의 공간이 넓고 나무들이 무성하게 자라 깊은 숲을 이루었다. 산에 있는 소나무, 상수리나무, 벚나무가 있는가 하면 은행나무, 감나무, 대추나무 등 여러 종류의 나무가 어울려 조화를 이룬 곳이다. 서로 다름이 하나로 어울릴 때 아름답다.

지난 여름엔 차도가 없는 아파트 사이 무성한 숲길을 시간을 내어 걸어보곤 했다. 숲은 평화롭다. 몸도 마음도 샤워를 한 듯 시원한 분위기에 잠기게 한다. 잡다한 집착에서 벗어나 평안한 휴식의 여유로움에 나무들을 보며 심호흡을 한다. 도심에 이런 곳이 있다는 것이 귀하고 고맙다.

이 가을엔 화려한 단풍으로 갈아입었다. 단풍 빛깔도 나무에 따라 빨갛고 노랗고 짙고 엷게 어우러져 제 나름의 빛깔을 자랑하고 있다. 서로 다른 색과 개성을 가지고 화합하여 조화를 이룬 아름다움을 보며 즐기던 수십 년 전의 가을 산행의 추억이 스치기도 한다.

인간사회도 서로 다름을 받아들여 화합하여 사랑으로 어울리면 평화를 이루리라. 나무는 산에 있든 그 어느 곳에 있든지 사계의 변화와 순환의 질서에 순응한다. 세월의 흐름 속에서 모진 비바람과 천둥, 폭풍에도 수족과 같은 곁가지를 쳐서 자르는 아픔도 묵묵히 감내하며 성장하는 나무……, 거목이 되면 인간을 위한 갖가지 쓰임의 재료로 말없이 주어진 몫을 다한다. 인간에게 시사하는 바가 크다. 이산화탄소를 받아들이고 산소를 내뿜는 나무는 공해로 찌든 도심에 귀한 활력소라는 생각을 하며 심호흡을 한다.

낙엽이 내 어깨 위로 떨어진다. 초목귀근草木歸根이란 말이 되뇌어진다. 싱그럽게 무성하여 그늘을 드리우던 나뭇잎은 마지막을 화려하게 장식한 후 뿌리를 향해 땅으로 떨어진다. 내년 봄에 싹틀 새잎을 위해 거름이 되어준다. 모든 생물은 순환하는 자연의 질서에 순응하는 생을 누림을 마음에 그려보곤 한다.

길을 걸으며 아쉬움에 젖는다. 나뭇잎의 뜻은 아랑곳하지 않고 청소부는 매일 낙엽을 쓸어 모아 포대에 담는다. 저 포대는 어디로 갈까. 가로수 뿌리는 시멘트콘크리트나 보도블록에 쌓여 잎의 뜻을 받아들일 수 없다. 정원에 선 나무들을 부러워하며 뿌리를 더욱 깊이 내리겠지. 베푼 뜻을 외면당하는 것이 아픔이고 비극일 수도 있는데, 인간의 편의를 도모한 문명은 자연의 뜻을 외면한 것이 많다. 자연과 인간은 우주공간에 공존하는 관계이고 인간의 삶에 절대적 편의를 제공하고 있다. 너무 흔하게 쓰는 종이컵, 휴지를 볼 때도 사라져가는 밀림을 생각한다.

사람도 이 세상에서 영원히 살지 않고 손님으로 잠시 머물던 집에서 떠나야 하는 운명을 안고 살아간다. 저 나무 뿌리를 덮은 보도블록처럼 문명이 주는 편의와 안일함에 젖어 돌아가야 할 본향을 잊을 수 있다는 생각을 한다. 잡다한 일상에서 벗어나 영원이라는 신의 품에서의 안식을 생각하며 선善한 이웃과의 관계, 의義로우신 하나님과의 관계, 진실眞實한 자신과의 관계를 안고 교회로 가는 길이다. 오늘은 청소부가 쉬는 주일이라서 푹 쌓인 낙엽을 밟으며 사념에 더욱 깊이 싸여 걷는다.

달빛 속에서

눈이 시리다. 저 둥근 달이 본 지 오래인 듯 생소하고 새롭게 느껴진다. 긴 세월 도시의 아파트 숲에서 살아 밤하늘을 볼 여유가 없어서였을까?

삼천 미터에 가까운 높은 산봉우리가 치솟은 비탄산맥飛彈山脈 백마악白馬岳이 올려다보이는 일본 나가로현[長野縣]의 한 마을에서 쉬고 있다. 오랜만의 여행은 마음을 홀가분하고 자유롭게 한다. 일상의 껍질을 벗고 주위를 돌아볼 여유를 가지게 한다. 베란다에 달빛이 가득하다. 창을 열어본다. 산간 마을의 맑은 공기는 달빛을 차갑고 더욱 밝게 만든다.

띄엄띄엄 불을 밝힌 창이 보인다. 교교한 정적이 머문다. 그 속으로 빠져들 듯이 달빛을 따라 생각들이 옛길을 간다. 가슴에 찍힌 달에 대한 추억을 꺼내본다. 달은 내 친구였다. 달과 친해진 것은 초등학교에 입학하고 얼마 되지 않아서다. 시골에서는 놉을 사서 일하는 날이면 아침식사가 이르다. 하릴없이 집에 있느니 가방을 챙겨 메고 학교로 향했다. 가는 길은 야트막한 고개가 있다. 오르다 힘겨워 멈추어 서서 하늘을 보니 하얀 낮달이 내려다보고 있지 않는가. 걸어가며 올려다보니 달이 나를 따라온다. 신기해 혼자 즐거워하며 가다 서다 장난을 하며 친해졌다.

옛날 시골에서는 자연과 함께하는 삶이었고, 여름밤의 달빛은 사람을 여유롭게 하는 데에 큰 몫을 했다. 그만큼 달은 인간의 삶 속에 내재해 있었다. 달은 분주한 일손을 도와주는 고마운 빛이었다. 달빛이 휘영청 밝은 마당가에 모깃불을 피워놓고, 들마루에 앉아 광주리에 가득 담긴 옷을 다림질도 하고, 절구질도 하였다. 달은 특히 순종과 인내를 미덕으로 여기던 옛 여인들에게 사랑을 받았다. 그들의 가슴 아픈 하소연을 들어주는 유일한 반려자요. 사랑의 대상이기도 했다. 남편을 젊어서 여읜 청상이나 자식을 앞서 보낸 어미의 한을, 달은 귀찮아하지 않고 함께 눈물지으며 들어주었다.

내 할머니도 삼십 대의 젊은 아들을 가슴에 묻었다. 우리 아버지인 그분이 돌아가신 후로 화를 가슴에 담고 사시면서 별로 말이 없으셨다. 달 밝은 밤에 홀로 툇마루에 앉아 눈물짓고 계신 모습을 종종 볼 수 있었다. 나도 알 듯 모를 듯한 슬픔 속에 싸여 몰래 지켜보았다.

어느새 내게도 달을 바라보는 시간이 많은 젊은 날이 찾아왔다. 무언의 대화를 나누곤 했다. 말없이 미소 짓는 듯한 달빛이 좋아서 그 빛이 머무는 창 아래 얼굴을 묻고 잠들곤 했다. 자다 깨어 달빛이 비켜 갔으면 다시 자리를 옮겨 달빛을 향해 눕곤 했다. 내 젊은 날의 비밀스러운 이야기다.

이토록 많은 사람들에게 사랑을 받은 달인지라. 달에 대한 시, 동요, 설화 등이 친구처럼 붙어 다녔다. 우리의 가까운 이웃으로 늘 함께했다.

1967년 여름으로 기억한다. 청양의 구봉광산에서 광부가 갱에 갇히는 사건이 있었다. 그곳은 내가 살고 있던 곳에서 아주 가까운 곳이었다. 바로 그때 미국의 달 탐사선 세베리어 5호가 달에 착륙했다. 이 두 사건의 뉴스가 연일 방송되었다. 나는 트랜지스터를 부엌이든 어디든 들고 다니며 광부의 생사를 전하는 뉴스에 마음을 졸였다.

달 탐사선의 뉴스가 나오면 꺼버리곤 했다. 달나라에 대한 꿈 같은 전설과 신비를 앗아가는 것만 같아서였다. 마음속에 많은 이야기를 담은 아름다운 달로 변함이 없기를 바라는 간절함이었다. 그때의 내 마음을 돌아보며 많은 생각을 한다. 닐 암스트롱이 탑승한 아폴로 11호가 착륙했던 달은 허허벌판이었지만, 지금 바라보는 달은 요원하고 신비하다. 옛 그대로다.

그러나 하루에도 많은 사람이 사고로 죽어가는, 사십 년이 지난 지금은 그때 같은 충격이 아니다. 인간이 창조해 가는 문명에는 아픔이 있다. 순리에 앞선 인간의 욕망으로 인함이 아닌가 생각한다. 사람이 따스한 인정과 순수함을 잃어 달 표면과 같은 허허벌판이 되어 가는 것이 아닐까.

기우이리라. 달을 바라본다. 하나님 천지 창조의 신비를 찬미하는 영상이 잔잔히 흐른다. 달빛을 따라 옛 추억을 돌아보며 깊은 상념이 끝없이 펼쳐지는 이 밤이 오래 기억되리라.

이사떡

벨소리에 현관문을 열었다. 젊은 부부가 밝은 표정으로 팔층에 이사 왔다며 팩을 하나 내민다. 이사떡이다. '요즈음도 이렇게…….' 더 말을 잇지 못하고, 귀한 떡을 받아 들고 고마운 눈길을 보냈다.

이사 하고 이웃간에 떡을 나누는 풍습이 사라져 가고 있다. 아파트에서 살아서인지 이사떡을 나누던 기억이 까마득하게 느껴진다. 이사하여 낯선 곳에서 새로운 세월을 살게 될 때 이웃과의 생소함을 덜어주고 친숙해지려는 의미에서 좋은 풍습이었다고 생각한다. 이사떡을 돌리던 세대가 아닌, 젊은 부부가 함께 떡을 돌리기에 감동하여 순간적으로 말을 잃었다.

이사떡은 팥시루떡이다. 인정의 여운처럼 따끈하다. 팩 뚜껑에는 인사말이 붙어있다.

– 안녕하세요? 802호에 이사 온 남현정이네입니다. 늘 행복하세요.*^^*'

끝에 이모티콘까지 넣어 인사말을 붙였다. 젊은 부부의 마음이 귀하고 아름다워 가슴이 따스해진다.

요즈음은 이사떡을 가져가도 문도 열지 않는 집이 있고, 떡을 먹지 않는다고 받지 않는 집이 있다는 소문이 떠돌기도 한다. 설마 헛소문이기를 바라는 마음이다. 고유한 풍습이 사라져가는 이유를 생각해 본다. 떡세대와 피자세대는 생활양식과 먹을거리 문화도 많이 변하였다. 더욱이 의식이 급변하고 개인주의화되어 자기 자신에 몰입하고 있다. 생활은 부유하고 편리해졌지만, 인간을 능력과 성취로 평가하는 현대사회는 윤리질서가 무너지고 위험노출이 심해 사람을 불신하는 경향이 짙다. 변화하는 여러 가지 이유들로 따스한 가슴으로 나누는 인정을 잃어가는 것이 아쉽다.

따스한 팥시루떡의 온기에 끌려 이웃사촌이란 말이 우리 삶에 젖어 있던 시절이 다가온다. 먼 곳에 사는 친척보다 이웃을 가까이 느끼고, 기쁨과 아픔을 함께 나누고 서로 도우며 살던 옛적의 인정이 그립다. 이사떡? 왜 떡일까? 떡은 우리에게 밥 다음으로 친숙한 음식이다. '미운 놈 떡 하나 더 준다.' '웬 떡이야.' '어른 말을 들으면 자다가도 떡이 생긴다.'라는 등. 떡에 대한 속담이 많다.

떡의 어원은 덕德에서 나온 것으로 덕이란 선한 행실로 많은 사람에게 베푸는 것을 의미한다. 우리 조상들은 이사할 경우 이웃들과 나누어 먹는 것으로 덕을 베풀며 이웃사촌이 되었다.

오늘은 마침 우리 집에서 구역 예배를 드리는 날이라 구역식구들과 준비한 음식과 이사떡을 먹으며, 옛날 이웃끼리 정을 나누며 살던 이야기들을 많이 했다.

이사떡은 왜 팥시루떡이었을까? 옛 사람들은 붉은색을 귀신들이 싫어한다고 생각해서 붉은 팥을 사용했다고 한다. 내 어린 시절에는 다정하게 지내던 이웃이 이사를 가는 날 팥죽을 끓여서 주기도 했다. 새로 이사한 집의 대문과 장독대에 팥죽을 뿌리면 역귀, 나쁜 귀신을 쫓는다고 했다.

이스라엘 민족이 애굽의 노예에서 해방되던 전날 밤 마지막 재앙으로 초태생初胎生 장자의 죽음이 있었다. 이스라엘 민족에게는 흠 없는 어린 양을 잡아 그 피를 문설주와 인방에 바르게 하여 장자의 죽음을 면하고 탈출하였다.(출애굽기 11-12장) 이스라엘 민족도 셈족이니 여기서 유래되지 않았을까 하는 이야기도 오갔다.

이웃간에 서로 도우며 다정하게 지낸 이야기들. 대소사大小事, 특히 초상집에 가서 내 일처럼 몸을 아끼지 않고 돕던 일들이 옛이야기가 되었다. 나도 이웃 교인의 임종을 지키던 기억이 떠오른다. 오십대의 가장이 위암으로 운명하기 전 본인이 카세트 찬송을 듣기보다 육성으로 찬송을 듣기 원해서 사흘 밤을 가서 찬송을 부르는 중에 조용히 운명하는 모습을 지켜보았다.

뜻밖에 이사떡을 받고, 이사떡, 이웃사촌, 팥의 의미와 옛 풍습의 따스한 정을 회상했다. 이사떡을 나누는 데 부부가 함께 다니는 것도 오늘 처음 보았다. 이는 신세대의 새로운 모습이다. 정을 담은 생필품을 나눈다든지 구세대와 신세대가 이해와 양보로 조화를 이루면 아름다운 풍속이 정착하리라고 바라는 마음이다.

요즈음은 아파트 현관문에 키를 대고 있노라면 엘리베이터 앞에 있던 사람이 기다리지 않고 혼자 타고 올라가는 모습을 볼 때마다 삭막함을 느끼곤 했기에 이사떡에 얽힌 이웃의 정이 새롭게 다가선다. 새로 이사 온 젊은 부부의 밝은 미소가 다정한 여운으로 머문다.

제4부

파문을
바라보며

참새와의 추억

참새를 본다. 짹짹거리며 보도블록에 입을 맞추며 뛴다. 무엇을 쪼아 먹는가. '할매는 무섭지 않아'. 뇌까리는 듯이 가까이 가도 날아가지 않는다. 아파트 뒤 정원을 산책하며 만난 참새, 저렇게 작았던가? 새삼스레 의문이 머리에 맴돈다. 그간 생활에 매여 자연에 관심을 둘 겨를도 없이 살았었나? 참새를 눈여겨본 기억이 없다. 생각이 담긴 마음이 있지 않으면 눈으로 보아도 실상을 보지 못한다는 의미를 실감한다.

자리를 옮겨 뛰는 참새의 뒤를 따라 옛 기억 속을 간다. 시골에서 참새는 가까운 이웃이었다. 초가지붕 처마 밑에서 살기도 하고, 동네 큰 나무에 많이 살기도 했다.

자연 안에 존재하는 모든 생명체는 이롭고 해로운 양면을 지니고 공생하는 이웃이었다. 참새는 못자리 논에 싹트기 전 벼를 쪼아 먹고 해를 주기도 했지만, 채소밭 등에서 해충을 잡아먹는 익조益鳥였다.

농촌에서 벼가 패서 영글기 전, 뜨물 같을 때 새떼가 앉아 빨아 버리면 벼가 쭉정이만 남게 된다. 그적에는 벼 팬 논에서 새 보는 일이 주로 어린이들에게 주어졌다. 광복 후 가을엔 많은 어린이들이 뇌염을 앓아서 초등학교가 휴교하기도 하였다. 이를 뇌염 방학이라고 부르곤 했다. 이때가 벼 팬 논에서 새 보는 시기여서 아이들은 논두렁을 오가며 새를 쫓았다.

우리 집은 집 앞 들에도 논이 있었지만 멀리 신작로를 건너 좀 넓은 들녘에 논이 있었다. 아침이슬이 채 가시기 전에 점심 도시락을 싸들고 새 보러 갔다. 풀숲에서 피어난 이슬이 언덕을 넘고 하늘로 피어오르는 먼 산을 보며, 그림 같은 살아 있는 풍경 속에서 이슬은 땅에서 솟는 것을 알았다. 들판 곳곳에는 새 보는 이가 햇볕을 피하는 새막이 있었다. 나는 큰 우산을 가지고 가서 세워 둔 기둥에 묶어 그늘을 만들고 그 안에 앉아 있었다.

지금 보도블록에서 모이를 쪼며 나를 피하지 않는 새처럼, 논 한구석에서 볏목을 쪼아 먹던 새는 내가 '우야우이' 하며 소리 내어 쫓아도 날아가지 않고 죽은 듯이 있어서 논두렁길을 달려가 쫓곤 했다. 많은 새는 눈에 보이고 쫓기가 쉬운데 한두 마리 얌체 새는 짹짹거리지도 않고 죽은 듯이 조용히 배만 채운다.

이웃 논의 새 쫓는 아저씨는 긴 장대에 굵게 꼰 동아줄을 묶어 공중에 휘두르다 땅을 친다. 그 소리가 진동하며 울려 퍼져서 근처 새들이 놀라 멀리 달아나 한동안 나타나지 않았다. 그 기구를 '따리'라고 했고 이따금씩 와서 한번씩 치고 나면 해가 저물었다. 저물녘 둥지를 찾아가는 새떼는 헤아릴 수 없이 많아 하늘을 까맣게 수놓았다. 그렇게 무리 진 새떼가 몇 차례 날아가면 서쪽 하늘부터 붉게 물들어 있었다. 새 보는 낮 시간은 길었지만 지루하지 않았다. 파란 하늘을 보며 무한한 공간에 끝없는 공상의 나래를 펴 가노라면 즐겁기도 했다. 동화책이 없던 시절 상상으로 신비한 동화책을 읽었다고나 할까. 그때부터 내게 생각하며 사는 습성이 싹트지 않았나 싶다.

하루는 밤에 무섭게 천둥번개가 치며 태풍이 불었다. 다음날 학교에 가니 신기한 소식으로 떠들썩했다. 새떼가 무리지어 찾아가던 작골이라는 마을에 어젯밤 새가 자는 나무에 벼락이 떨어졌다, 나무가 넘어져 새들이 땅바닥에 가득해 온 마을 사람들이 주워다가 새고기로 포식했다는 것이다.

참새는 옛이야기를 담고 가까이 있는 새였다. 논에 새 보러 다니면서도 귀찮아하지 않고 자연스레 일상으로 받아들였다.

최근에 한 식당에서 날지 못하는 새를 주인이 불쌍히 여겨 정성 들여 치료해 주고 회복한 후에 밖으로 놓아주었다. 그러나 새는 떠나지 않고 식당에서 갖은 재롱을 부리며 함께 살고 있다. 그 이후 이 식당은 상호를 '참새식당'이라고 바꾸었다. 이 소문이 퍼져서 참새 보러 오는 손님이 많아 성업을 이루게 되었다. 이 참새에 얽힌 이야기가 내 귀에 쉽게 스쳐지나가지 않은 이유는 뭘까. 신의 섭리로 창조된 자연 안의 생명체는 인간과 교감하며 사랑을 감지感知하고 기적을 이룰 수 있다는 생각에 잠기게 한다.

들에서 새를 보는 모습이 사라진 지 오래다. 들에 더러 화려한 옷을 입은 허수아비가 서 있는 것을 본다. 허수아비를 보고 새가 앉지 않을까? 농약이나 제초제 공해로 곤충이 죽고 먹이사슬의 피해로 많은 조류가 줄어들어서 참새도 옛날처럼 많지 않다. 어디에선가 보니 참새도 멸종위기 등급에서 관심이 필요한 새로 분류되고 있다는 것을 보고 가슴이 써늘했다.

마당가에서 동네 샘가에서 그 어디서든 흔히 볼 수 있었던 참새. 일상을 함께하는 가족처럼, 다정한 이웃같이 친근감이 가는 새였다. 동네 샘에서 밀이나 겉보리를 씻으시던 아주머니들이 새를 쫓기보다 "옛다, 먹어라." 하며 한 줌 집어 던져주던 인심이 그립다. 더불어 살며 웃음꽃을 피우던 후한 삶의 모습이 내 뇌리 속에서 떠나질 않는다. 인간은 자연의 일부분이기에 순수한 친자연적 삶을 희원하는지도 모른다. 자연의 모든 것을 순리로 받아들였던 그적을 회상하면 순박한 정이 마냥 그립다. 이웃을 잃어가는 현실에서 참새와 함께했던 추억들을 가끔 돌아보리라.

자운영꽃

논이 꽃바다를 이루었다. 진분홍빛 꽃이 바람에 잔잔한 물결처럼 출렁인다. 차창에 이마를 대고 자세히 본다. 자운영꽃이다. 얼마만인가, 너무 반가워서 내 가슴에도 추억의 물결이 인다.

어릴 적, 자운영꽃이 필 무렵에 도시에서 산간마을로 이사를 갔다. 시골 풍경을 본 적이 없는 내겐 모든 것이 새롭고 신기했다. 마을 앞 논에는 이불을 깔아 놓은 듯 꽃으로 덮여 있었다. 꽃이불 위에서 뒹굴며 파란 하늘을 향해 마냥 소리치고 싶었다.

나를 바라보는 눈길이 있다. 내 또래의 아이가 싸리나무로 만든 바구니를 들고 나물을 캐고 있다. 머리를 중처럼 밀어버린 민둥머리였다. 너무나 이상해서 뚫어지게 바라보았다. 여자애다. 진홍색 원피스를 입고 단발머리를 한 나를 그 애도 이상한

지 바라본다. 말없이 서로 미소 지으며 가까이 갔다. 친구가 되어 자운영꽃을 꺾어 내 머리에 꽂고 반지도 만들어 끼며 스스럼없이 친해졌다. 꽃 이름도 자운영꽃이라고 말해 주어 알았다.

논을 쟁기로 갈아엎고 모를 심었다. 자운영은 흙속에 묻혀 버린다. 그것이 땅심을 돋우고 밑거름이 되어 모가 잘 자라게 한다. 꽃이 피기 전에는 뜯어서 삶아 나물로 무쳐 먹기도 했다. 화학비료가 흔하지 않던 시절 벼를 잘 자라게 하여 쌀 수확을 높여 주는 자운영, 농사꾼의 기쁨이기도 했다. 자운영꽃 추억과 함께, 내게 꿈속의 한 장면처럼 남아 있는 추억이 있다.

모심기 전 놉을 사서 풀을 하는 날이 있다. 많은 일꾼들이 산에 가서 연한 초목을 베어 지게에 가득 지고 와서 논에 깔았다. 그적엔 모두 흰 옷을 입었다. 흰옷, 지게, 푸른 풀이 함께 어우러져 이색 풍경을 자아냈다. 빈 지게를 지고 산 언덕길을 가며 지게다리를 작대기로 치며 구성지게 부르던 타령소리가 신기하게 들렸다. 멀어져 가면 산울림처럼 들리기도 했다. 그 소리와 모습을 멀리 서서 오래도록 바라보곤 했다. 다시는 볼 수 없는 옛 시골의 풍경화로 가슴에 남아 있다.

광복과 함께 자운영을 심는 일과 풀 하는 날도 서서히 사라져 갔다. 내가 살고 있는 들에서는 자운영을 볼 수가 없었다. 전라선을 타고 내려가다 보면 순천 가까운 들녘에서 겨우 볼 수 있었다.

사오월에 이 길을 가지 않았기 때문일까. 육십여 년의 세월이 지난 지금 반가운 만남이다. 창밖으로 보이는 논에는 자운영뿐 아니라 골을 쳐서 심은 보리도 있고, 키가 욱 자란 녹색풀이 콩나물시루처럼 빽빽이 차 있다. 무엇일까?

조카 집에 가서 오늘 보고 온 들녘 풍경을 이야기했다. 요즈음 녹비작물 재배를 많이 하는가 보다. 화학비료를 줄이고 토양 속 유기물 함량을 높여 농산물 품질을 향상해 가고 있다고 한다. 농약을 자제하고 자운영을 이용해 농사를 짓는 곳이 많아졌다는 것이다.

내 귀가 활짝 열린다. 반가운 소식이다. 비가 오면 온 마을이 떠나갈 듯 울던 맹꽁이 울음도 들을 수 있겠구나. 논에는 우렁이와 미꾸라지 등이 있고 뜸부기도 울겠다는 생각을 하니, 아쉽게 사라져가는 것들을 다시 찾아가는 듯 훈훈한 생명감이 느껴진다.

함평 자운영쌀도 있다고 들었다. 진즉부터 남쪽에선 자운영이 다시 옛 모습을 되찾았는데 나는 이번 여행을 통해 겨우 알게 되었다.

자운영꽃을 보고 뭘 그리 흥분하는가, 자운영꽃은 내 시골 생활에서 첫 화려한 만남의 주인공이었기에 그런다. 정서와 이성의 눈이 떠 갈 때 산간 마을에서 살아온 십여 년은 많은 이야기가 담겨 있다. 철따라 산과 들은 즐거운 놀이터요. 사계절의 뚜렷한 변화를 생활 속에서 체험할 수 있었다. 심고, 가꾸고, 거두는 농사짓는 일을 보고 배운 마음이 풍요롭게 채색되어 갔다. 가난하지만 순박한 사람들의 인심은 나누는 삶을 익히게도 했다.

소가 끄는 쟁기가 만든 흙 이랑에 묻혀버리는 자운영, 연년 세월 꽃 피워 들녘을 화려하게 수놓겠지, 벼농사를 풍성하게 하겠지, 지금 생각해 본다. 모든 생명에는 그를 위한 밑거름, 희생물이 있듯이 인생에도 오늘을 있게 한 지난날의 가지가지의 무늬가 채색되어 있음을 본다. 자운영이 논에 거름이 되어 벼를 가꾸듯이 어린 날에 보고 들은 체험은 자양분이 되어 내 인생의 방향과 빛깔을 결정지어 주었다. 그 마을과 함께 자운영꽃은 내 가슴에 살아 있다. 생명의 꽃이라 이름하고 싶다.

실과 바늘

단추가 똑 떨어진다. 뒹굴어 소파 밑에 숨어 있는 것을 찾아냈다. 단추를 달아야지, 바늘에 실을 꿰려고 하니 실이 귀로 들어가지 않는다. 돋보기를 끼고 손가락에 침을 묻혀 실 끝을 가늘게 부비며 요리조리 노력해 보나, 꿰어지지 않는다. '바늘귀가 작아서다.' 아니 요즈음 눈이 침침하다.

번득 할머니 생각이 떠오른다. 등잔불 아래서 버선볼을 꿰매시다 바늘에 실을 꿰어 달라시면 얼른 받아 꿰어 드리곤 했다. 그때마다 말없이 나를 바라보시며 회심의 미소를 지으시던 모습이 선연하다. 지금 그 미소의 잔영이 내 가슴에 젖어든다.

소파에 앉아 뒤를 돌아본다. 바늘과 실에 엉킨 생각들이 줄줄이 풀려온다. 어머니 방에 있는 반짇고리에는 실, 바늘, 가위, 골무, 헝겊 조각들이 담겨 있었다. 그적엔 반짇고리는 여자의 필수품이었다. 요즈음은 문명 덕에 거의 필수자리를 잃고 약식으로 남아 있다. 어머니가 장침에 실을 길게 꿰어 이불홑청을 꿰맬 때 네 귀가 엉키지 않도록 펴서 잡아드리곤 했다. 이제는 이불도 기성품으로 세탁기가 빨아준다. 남자 바지저고리나, 여자 치마저고리를 뜯어서 빨아 솜을 두어 꿰매는 시절의 여인들의 손길은 늘 분주했다. 침선직조가 여자의 전유조건인 시절, 바늘은 참 가까운 친구이자 애인이었다.

그러기에 백여 년 전 유씨 부인이 〈조침문〉 수필을 썼으리라. 자식 없는 청상이 바느질품으로 사는데, 아끼던 바늘이 부러졌다. 바늘을 의인화해 쓴 절절한 아픔으로 애통해하는 글이다. 후세에 다시 만나 평생 동거하며 고락을 함께하기를 바라는 글을 보며 어린 시절 여인들의 삶을 보았기에 공감이 간다.

그적엔 여남은 살 무렵이면 바늘과 실을 손에 든다. 나도 제일 먼저 만든 것이 주머니였다. 삼색 천 고추 모양에 솜을 넣어 약식 노리개를 만들고 버선도 만들어 주머니 끈에 매어 달았다. 서툰 솜씨에 자칫 손가락을 바늘에 찔리기도 한다. 그 손가락을 코끝에 대고 콧김을 쐬기도 했다. 옛 풍경이다. 지갑이나 핸드백이 없는 시절이라 남녀노소 불문하고 주머니를 허리춤에 차거나 가지고 다녔다. 고운 빛깔의 천에 수없이 많은 주머니를 만들어 놓고 기뻐했다. 그 기분은 기성품을 사서 가질 때와 또 다르다.

학창시절 기초 봉을 할 때다. 누비고, 호고, 감치고, 박고, 옹 그리며 하얀 천에 손때가 묻을까 봐 손을 자주 씻었다. 그 정성을 쏟던 적을 미소 지으며 돌아본다. 참 재미있다.

내 방 농 위에서 내려다보고 있는 육쪽병풍 수를 놓을 때다. 직장에서 돌아와 밤마다 수틀을 놓고 한 땀 한 땀 정성들여 수를 놓으면 아름다운 꽃이 되고, 새가 된다. 모든 시름이 가시고 마음이 잔잔한 호수처럼 평화로웠다. 내 손에서 실과 바늘이 조화를 이룰 때 아름다운 병풍 한쪽이 완성된다. 내가 해냈다는 즐거움은 말로 표현할 수 없는 흐뭇한 기쁨이었다.

실과 바늘은 참 소중한 존재라는 생각이 새삼 다가선다. 나뉜 것을 다시 이어 주고, 상처를 꿰매 아물게 하며 또 아름다움을 창조 한다. 화평케 하는 자, 평화의 사람으로 살아가라는 성구聖句를 떠올린다. 바늘과 실 같은 존재로 살아가라는 것이 아닌가.

그러나 내 손에 실없는 바늘, 바늘 없는 실이 무용지물인 것을 생각하며 상조相助의 조화를 생각해본다. 세상사나 인간사는 모두 관계로 존재한다. 관계 속에서 협력과 조화가 이루어질 때 성취도, 행복도, 아름다운 삶도 이루어진다는 생각을 한다. 나를 돌아본다. 머리는 차고 가슴은 따뜻한 사람, 성을 불문하고 이상적인 인간상이라는 생각을 했었다. 그러나 정작 어떤 사실 앞에서 일치할 수 없는 갈등이 있었다. 긴 세월의 품에서 많은 일을 보고 겪으며, 버리고 얻는 경험과정을 통해 자기 성찰의 안목과 이해의 폭이 넓어져 아름다운 조화의 관계를 이룬다는 생각이다. 세상 이치가 하나라는 엉뚱한 생각을 혼자 해 본다. 옛 여인들을 생각해 본다. 바늘을 쥐고 서투른 솜씨에 손가락을 바늘에 찔리는 아픔을 거쳐 바느질 솜씨가 숙달된다. 머리의 생각을 가슴으로 받아들이고 몸이 협력하여 조화를 이룰 때 참 평화를 체험한다. 다만 눈이 어두워 바늘귀를 꿰기가 어려운 노인이 되어서야 체득하게 되니 아쉽지만, 바늘과 실 같은 존재로 살고 싶은 소망이 잔잔히 머문다.

타구唾具를 돌아보며

타구에 담긴 보화를 떠올린다. 목이 잘록한 하얀 자기, 타구는 옛날 할아버지 방 문갑 위에 있었다. 그때 타구를 보며 겨우내 침묵으로 버티고 있는 뒷산의 나목을 연상하곤 했다. 할아버지는 해수를 지병으로 앓으셨다. 가을 스산한 찬 바람이 일면 가래가 끓고 심할 때는 숨이 막힐 듯이 기침을 하셨다. 언제부터인가 가을로 접어들면 타구엔 모래가 조금 담긴 채 장식품처럼 할아버지 머리맡을 지켰다. 그러나 그 타구에는 한번도 가래가 담기진 않았다. 온 가족이 할아버께 편리하게 사용하실 것을 요청했다.

"왜? 힘드신데 타구를 사용하지 않으시고 고생하세요?"

그때마다 할아버지의 대답은 한결 같았다.

"기도에서 나오는 가래는 힘들지만 삼켜 식도로 넘기면 그만

이야. 뱉게 되면 그릇을 씻는 수고를 끼치고 내 안의 더러움을 밖으로 내어 세상을 더럽히는 것은 도리가 아녀."

기침이 나오면 힘들어하면서도 할아버지는 으레 자리끼 옆에 놓인 합에서 저민 생율과 생강을 한 점씩 입에 넣으시곤 했다.

요즈음과는 달리 우리 집은 가부장제가 철저히 자리한 유교 가정이었다. 할아버지 중심으로 가정사가 결정되는 것은 말할 필요도 없었다. 그만큼 할아버지는 절대권위적 위치셨다. 늘 효를 중요시하고, 위계질서를 강조하셨다. 그러나 당신 개인 위주의 권위나 편의를 위하지는 않으셨다. 어린 시절부터 할아버지는 높고 크신 분이라는 생각 속에서 나는 자랐다.

봄이 오면 타구는 소임을 다하지 못한 아쉬움을 안고 정갈하게 씻겨 문갑 안으로 들어간다. 어느 해 봄 뒷동산에 만개한 진달래 몇 송이를 꺾어다가 타구에 꽂아 놓았다. 그런 나를 물끄러미 보시며 미소 지으시던 할아버지 모습은 타구와 함께 내 마음 깊이 살아 있다.

많은 세월이 흘렀다. 사회 환경도 생활환경도 큰 변화가 왔다. 산업화로 인하여 냉담한 이기주의가 팽배하고 있다. 모든 사람들은 생각과 행동기준을 자기중심에 두고 있다. 힘을 과시하며 자기의 이익을 위해 타인을 무참히 다치게 하고 주위를 어지럽힌다. 이 변화된 환경의 아픔 앞에서 한 뼘 남짓한 타구에 담긴 아름다운 교훈을 늘 묵상하곤 한다.

교회에서 친지 한 분이 재활용품을 모아 팔아 장애인 시설에 보내고 있다. 참 고맙고 좋은 뜻이라 동참하기로 했다. 그분은 승용차를 운행하면서 박스, 신문지 등 다양하게 재활용품을 수집한다. 나는 캔과 종이컵 등을 수집하기로 하고 거리로 눈을 돌렸다. 깜짝 놀랐다. 도회는 길모퉁이 전신주 옆에 쌓이는 쓰레기로 몸살을 앓고 있다. 쓰레기 공해에 대해 늘 들었지만, 이렇게 심각한 줄은 몰랐다. 마음에 두지 않으면, 눈을 뜨고 다녀도 보이지도 느껴지지도 않는다는 것을 새삼 실감했다. 어른이든, 아이든 차이가 없다. 간식봉지, 빙과포장 비닐, 담배꽁초 등 어느 것이든 스스럼없이 제 선 자리에서 던져버리고 간다. 재활용할 수 있는 캔이 차바퀴에 깔려서 쭈그러진 채 나뒹굴고 있다. 재활용 가능한 것이 망가져 쓰레기봉지에 담겨 치워지기를 기다리는 모습이 안타깝다.

더러 캔이 담 위에도 버려져 있다. 귀한 것을 발견한 것처럼 좋아라 집어 들다 보면 오물 세례를 맞기도 한다. 담배꽁초와 침으로 가득 채워져 있기 때문이다. 자칫 담 위에 있는 모습만 보고 섣불리 손을 댔다간 낭패를 당하는 것이다. 이렇게 캔의 버려진 모습도 각양각색이다.

한번은 달리는 승용차에서 빈 캔을 창밖으로 던지고 가는 모습이 보였다. 얼른 바라보니 그 차엔 어린아이도 타고 있었다. 물론 수집하는 나를 위해서 던졌겠지 하고 자위해 보아도 영 기분이 좋지 않았다. 한참을 손을 멈추고 멀어져가는 차의 뒷모습만 바라보았다. 많은 생각이 교차한다.

요즈음은 조기교육 탓에 네댓 살만 되어도 아이들이 영악할 정도로 아는 것이 많다. 그러나 어른들의 빗나간 행동에서 배운 것이 있어 행동에 혼란이 일고 있다. 배운 바를 행동으로 옮기는 데에는 많은 거리가 있다. 아이를 가슴으로 가르치지 않았기 때문이다. 어린 시절부터 가족간에 이웃간에 함께 어울리면서 오감으로 터득한 교육이 진정한 산 교육일 텐데. 너무나 조급하게 지식만 요구하여 꼭두각시 같은 어색한 체형의 모습이 되어 있다.

문득 타구를 떠올린다. 가래만이 채워졌던 것이라면, 지금 나는 그 타구를 어떻게 추억해 내고 있을까? 수십 년의 세월이 흐른 오늘까지 내 가슴에 남아 있는 타구는 영락없는 할아버지의 삶이다. 그래 나는 내 가슴에 고이 담고 있는 것이다. 할아버지의 타구는 지금 흔적없이 사라졌지만, 내 가슴속에 남아 그 안에 담긴 삶의 보화 같은 유훈을 말해 주고 있다.

현실은 형상이나 결과에 치우침이 짙어가고 있다. 고통과 인내가 잉태하는 아름다운 삶에 의미를 상실해가는 것이 아쉽다. 이 순간 타구에 담긴 향기를 음미한다.

파문을 바라보며

잔잔한 호숫가에 앉아서 조약돌을 수면에 던져 본다. 소리 없이 파문이 원을 그리며 퍼져간다. 파문을 따라 나이테를 헤아려본다. 테에 얽힌 삶의 무늬는 사계절의 변화처럼 형형색색이다. 담담한 마음으로 지난날의 화첩을 넘겨본다.

인생은 만남이다. 사람마다 그 만남에 대처하는 생각이 다르다. 가치관이 다르기 때문이다. 나는 소녀시절에 극단적인 가정환경의 변화와의 만남에서 힘이 들었다. 폐쇄적으로 높은 성을 쌓고 한정된 하늘만을 보고 살았다. 선과 악이, 의와 불의가 공존하고 서로 다름이 나쁜 것이 아니다. 공존의 조화를 이루는 질서라는 것을 인정하기까지는 많은 세월이 흘렀다. 책임과 의무의 짐을 벗고 스스로의 성을 허물었다. 언어로 다 표현할 수 없는 감사와 평화를 맛본다. 이것은 세월이 안겨 주는 선물이라고 생각한다.

사람이 산다는 것은 늙는다는 것이고, 산다는 것은 죽는다는 것이다. 이것은 누구도 무엇으로도 피할 수 없는 것이다. 이 필연을 내 것으로 받아들여 긍정적으로 생각하기까지는 많은 세월이 필요했다. 우리 할머니가 늘 '세월이 약이다.'라고 하신 말씀 안에 인생의 많은 의미가 잠재하는 것을 나이 든 지금에야 알겠다.

노인은 긴 세월을 산 경험을 통해 현재를 넓게 바라볼 수 있다. 노인의 이해력은 높은 산에 오르는 것 같아서 높이 올라갈수록 시야가 넓어지고 전망이 좋아지는 것과 같다. 경험을 통한 노인의 지혜는 세상사나 인간사를 폭 넓게 이해하고 수용하게 된다.

'우리의 겉 사람은 후패하나 우리의 속은 날로 새롭다'는 성구聖句를 묵상한다. 육신적으로는 얼굴에 주름이 늘고 기력이 약해진다. 그러나 영적 심적 눈은 밝아지고 멀리 보게 된다. 공기는 눈으로 볼 수 없지만, 우리의 호흡에 절대적이듯이 심정적 가치가 삶에 비중이 크다. 우리의 삶에 육의 눈으로 보이는 것보다 보이지 않는 것이 더 중요하고 영원하다고 생각한다.

노인이 되는 것은 쇠락만은 아니고 성장이라는 생각이다. 혈기가 잦아지고 이해의 폭이 넓어진다. 죽음이 가까워 온다는 부정적 사실 이상으로 아름다운 죽음을 준비하는 마음으로 살면 더 좋은 삶을 살게 되는 긍정적인 면도 맛본다. 지난날을 살짝 돌아보면 재미있다. 내가 죽음을 생각하고 두려워서 잠을 이루지 못하고 혼자 울던 밤이 있었다. 여섯 살 때였다. 이웃집 할머니의 죽음을 보고 땅속에 묻히면 답답해서 어쩌나 하는 생각에서였다. 젊어서는 힘겨운 짐이 압박해 오는 까만 절벽 앞에서 짧은 순간 죽음을 생각했다. 젊은 날에는 감정적으로 도피의 방편으로 죽음을 한순간 생각해 보기도 한다. 노년이 되어 연년이 더 시간이 빠르게 달아난다고 생각하면서도 삶과 죽음의 한계를 느끼지 못한다.

옛 농경사회, 유목사회는 자연에 의존해 사는 것이 절대적이었다. 때문에 노인들의 머릿속에 든 경험과 지혜는 후손들이 살아가야 할 삶의 원천이요. 밑바탕이 되었다. 노인은 헤아릴 수 없는 지혜의 보고이고, 삶에 본이 되어서 존경과 섬김의 대상이 되었다. 현재는 하루 다르게 발전하는 기계문명시대라 새로운 지식으로 발명되고, 생활에 편의와 신속을 주고 있다. 산업사회로 핵가족이 되어 노인에 대한 섬김이 소홀해졌다. 이것을 노인은 노여워할 것이 아니라는 생각이다. 자기중심에서 놓여나 자유로움을 얻은 이 큰 선물에 감사하는 마음이다. 인간사는 자기의 뜻대로만 되지 않는다. 스스로 할 수 있는 부분과 어떤 힘, 신의 섭리가 주장하는 부분이 있다. 이것은 세월 속에서만이 터득된다. 젊어서는 생각할 수 없고 깨달아 알 수 없는 인생의 진수를 나이 듦으로 알게 되었다. 곡식을 심고 햇빛과 비바람을 거쳐야 알곡이 되듯이 과정이 없는 결실이 있을 수 없다.

호수의 파장이 멀리 멀리 퍼져 갈수록 원점은 작게 보인다.

인생도 살아온 세월 속에 체험이 쌓일수록 스스로는 작아진다.

노인은 많은 것에 욕심 부리지 않고 아름다운 죽음을 준비하는 마음에서 모든 예속과 구속에서 해방된다. 노인이 된다는 것은 눈에 보이지 않는 공간을 향유하는 평화의 쉼터요. 다함이 없는 공간을 사는 자유의 동산이라고 노인 찬가를 부르고 싶다.

하루거리

텔레비전 뉴스에서 병원의 병실을 보여준다. 링거를 꽂고 누워있는 환자와 의료진의 모습이다. 동남아여행을 다녀와서 말라리아에 걸린 사람들이다. 동남아여행을 갈 때에 여행객들이 주의해야 할 것들을 알려준다. 뉴스를 보면서 까마득히 잊어버렸던 내 유년의 하루거리를 앓던 생각이 났다.

우리나라에도 토착형 말라리아가 발생된 것은 오래되었다. 그때는 말라리아를 '하루거리'라고 불렀다. 이 병은 여름에서 가을로 접어들 때 많은 사람들이 앓았다. 주로 아이들이 앓았던 병으로 기억된다. 이 병을 학질 또는 초학이라고도 했다. 열이 나고 오한과 두통이 심했다. 온몸이 쑤셔서 견디기 힘들고 심하면 헛소리까지 했다. 이튿날은 언제 아팠느냐는 듯이 멀쩡해진다. 그래서 하루거리라 했고, 하루 앓으면 '한 죽', 이틀을 앓으면 '두 죽', 앓는 횟수를 죽으로 이름 했다. 이웃집의 언니는 스물 한 죽을 앓았다. 앓다 지쳐서 얼굴빛이 오이꽃처럼 노랗게 변해 비실비실하던 애처로운 모습이 지금까지 잊히지 않는다. 서로의 병력病歷을 묻던 까마득히 먼 어린 시절이 그리움처럼 번진다. 그리울 것도 없는 아픈 시절이었는데도 말이다.

해방 직후 사십 년대 시골에는 면소재지에만 병원이 하나 있었다. 시골 마을에서는 병원이 멀어서 갈 수 없었다. 병원에서 주던 하루거리 약은 하얀 가루로 된 금계랍이 있었다. 어찌나 쓴지 열무김치 잎이나, 아주까리 찐 잎에 싸서 먹었다. 그나마 병원에 갈 수 있는 사람보다는 여러 가지 이유로 갈 수 없는 사람들이 더 많았다. 병원도 약국도 없는 가난한 시골마을에서는 자연스럽게 토속적인 치료방법이 더 많았다. 어릴 적 일이라 지금 생각하면 궁금한 것이 많다. 알아보고 싶지만 그때 어른들은 이미 다 돌아가셨다.

우연히 교회에서 돌아오는 차 속에서 하루거리 앓아 보았느냐고 물었더니, 칠십 대 전후는 다 앓았노라고 한다. 치료 방법을 저마다 얘기한다. 곡식을 널어 말리는 멍석에 뉘어 둘둘 말아 놓고 소가 멍석을 넘어 가게 했고, 이른 새벽에 마당 열 바퀴를 기어서 돌게도 했으며, 환자를 마당에 뉘어 놓고 낫으로 그 형상을 그려두고 그 형상의 목에 낫을 꽂기도 했다는 치료법을 내놓는다. 요즘 시대엔 말도 안 되는 미신 같은 소리지만, 궁색한 그 시절엔 이런 모든 방법들은 병이 놀라서 달아나라는 가난한 사람들의 염원이었지 않나 하는 생각이 든다. 더 어리석은 일 하나가 지금까지도 잊히지 않는다. 우리 마을에서 뒷마을로 가는 고개 마루에 큰 묘가 있었다. 꽤나 부유한 집이었는지 상석이 놓여 있고 양쪽에 부리부리한 신장석이 서 있었다. 나는 이곳을 지나려면 무서워서 사람이 지나기를 기다려 함께 가거나 부득이 혼자 가게 되면 눈을 감고 뛰어서 가곤 했었다. 어린 우리들에겐 무서움의 대상이던 그 비석이 하루거리 앓는 이들로 수난을 당했다. 비석에 입을 맞추고 그 귀를 쪼아다 삶아서 그 물을 먹으면 병이 떨어진다는 풍설이 있었다. 이런 풍설에 현혹된 사람들이 그 귀를 쪼아 간 것이다. 무섭던 신장석은 사람들의 손때가 타서 반들반들해지고 양쪽 귀는 사라져 버렸다. 육십여 년 전 일이다. 요즈음은 상상할 수 없는 옛이야기가 되었다. 하루거리에 걸려 앓는 사람도 없으니, 어이없는 처방법이 있을 리 없다. 그러다보니 하루거리에 걸렸다는 것이 큰 뉴스거리로 보도되는 세상이 되었다. 참 세상이 많이 변했다.

말라리아에 걸리면 하루를 앓고 다음날은 멀쩡해지니 하루거리라 했다지만 왜 다른 이름이 많을까? 애욕과 성내는 마음과 어리석은 생각이[三毒] 마음에 얽히고설키어 잠깐 수그러졌다가 다시 일어나는 것에 넌더리가 나는 학질(말라리아)과 같아서 학질이라 했을까? 학질을 겪고 나서야 어른이 되어 제구실을 할 수 있다고 여겨 제구실, 또는 초학이라고도 불렀을까? 지방마다 그 병명이 다르지만, 하루거리란 이름은 공통인 것 같다. 오래전에 우리 곁에서 사라져 까마득히 잊고 있던 학질이라는 병에 대해 많은 생각을 하게 한다.

사람의 일생에도 학질을 앓는 기간이 있다는 생각을 혼자 해본다. 자기 의사 여하와 관계없이 다가와 아픔을 겪게 하고 고난을 받게 한다. 이것은 환경적으로 온 불행이라는 학질이다. 사람마다 학질을 앓는 모양새는 다르다. 물질적 고난, 질병도 있고, 마음에서 일어나는 애증과 욕심으로 인한 병 등 그 모양과 색깔은 다르지만 사람들은 학질을 앓는다. 사람의 운명도 일생동안 일관되지 않는 것처럼 생각이나 관념도 또한 자주 흔들리게 된다. 사람마다 그 학질을 앓는 형태가 다르듯이 그 치료약도 다르다.

나는 근심 걱정이라는 학질을 자주 앓았다. 병의 근원은 강한 자존심 때문이라는 생각을 한다. 내가 심신의 학질을 앓기 시작하여 고질병처럼 갖고 있게 된 것은 아마도 십대 중반에 아버지가 돌아가신 후인 것 같다. 아무 준비도 없이 졸지에 닥친 불행이다. 겉으로는 당당하려 했지만 두려움은 늘 잠재의식 속에 있었다. 가정의 제반사에 책임을 안고 살아온 경력은 고질병처럼 달라붙어 무슨 일이 닥치면 해결책에 대한 고민이 늘 앞선다. 어리던 동생들도 이미 다 어른이 되었는데도 지나치게 간섭했다. 이런 나를 스스로도 못마땅해 했다. 학질을 완벽하게 떨쳐내지 못하는 내 가슴에 찬바람이 스치곤 했다. 참 어처구니없는 일이었다. 모든 일에 해결사인 양 지나친 관심으로 근심걱정에서 놓여나지 못했던 지난날을 돌아보면 호된 하루거리를 앓고 난 이웃집 언니의 모습과 겹쳐진다. 난 얼마든지 스스로 좋은 처방약을 알고 있으면서도 사용할 줄 모르던 지난날이 우습다.

지금은 스스로 만든 처방전으로 호되기만 하던 지난 시절을 치유하고 미소로 돌아본다. 내 하루거리의 처방전은 간단하다. 스스로가 작아지는 것이다. 무한한 영원 속에 인간의 유한한 존재임과 한계를 인정하는 것이다. 계산된 생각이 아닌 기도는 기적을 낳을 수 있다. 학질은 자연스럽게 치유되어 나갔다. 몸으로 겪은 학질도, 인생에서 겪는 모질던 학질도 해로운 것만이 아니라고 생각한다. 오래전에 앓았던 하루거리로 인해 그리울 것도 없는 고난의 유년을 돌아보고 오늘을 감사할 수 있는 시간이 되었다. 폭풍우가 지난 뒤에 하늘은 더욱 높고 푸르며 산천은 청명하다.

지족知足하는 삶

오랜 세월이 지나도 눈에 어리는 장면이 있고, 귓가를 맴도는 음성이 있다. 요즘 자주 '지족'이란 단어를 떠올리며 그 풍기는 의미를 회상한다. 오늘날은 과학기술의 발달로 편리해졌고 물질적으로 풍요로워졌으나 삶의 가치관이 상실되었다는 생각이다. 지족하지 못하는 지나친 탐욕 때문에 사회 윤리 도덕이 무너지는 사건들을 매스컴을 통해 자주 접한다. 사회 어느 계층이나 탐욕의 유혹에서 헤어나지 못하고 세상을 어지럽히는 어두운 소식들이다. 그 때마다 지족하는 삶이 평화와 복에 근원이라는 여운이 가슴에 젖어 오고 할아버지의 음성이 귀에 어린다.

할아버지는 한학에 지조가 깊으시고, 미래를 보는 직관이 있으셨다. 어떠한 환경의 변화에도 흔들림이 없으시던 할아버지,

나는 열 살 전후에 남동생과 ≪명심보감≫을 배웠다.

> 지족가락知足可樂이오. 무탐가우務貪可憂니라. 지족자知足者는 빈천역락貧賤亦樂이오. 불지족자不知足者는 부귀역우富貴亦憂니라.
>
> – ≪명심보감明心寶鑑≫ 〈안분편安分篇〉

이 글귀를 매일 외워 그 뜻을 가슴에 새기게 하셨다. 할아버지는 탐욕은 죄악이고 지족을 모르는 것은 큰 재앙이라고 말씀하셨다. 가운이 기울 것을 미리 예감하셨으리라.

아버지가 돌아가시고 6·25가 휴전되기도 전에 농사를 지을 수 없어 가산을 정리하여 내가 중학교에 다니는 소도시로 이사를 했다. 전쟁 중이어서 땅도 헐값에 팔았고 도시로 이사 와서 하려고 계획했던 일이 풀리지 않았다. 빚을 주고 이자를 받기도 했는데, 그중 집을 짓기도 하던 사람이 생선도매업을 하다 완전히 실패를 했다. 우리는 살던 큰 집을 매각하고 그의 집 초가삼간으로 이사를 했다. 그 와중에 할아버지는 돌아가셨다. 그 집에 살며 이 년 동안 초가지붕을 새로 이지 못해 비가 새고, 지붕에 크게 구멍이 뚫렸다. 그적엔 비닐도 없어서 손을 못 쓰고 며칠을 그대로 지냈었다. 저녁이면 동생들과 지붕으로 별을 바라보았다.

"일곱 개가 보인다."

"저건 북두칠성이다."

"삼태성도 보인다."

제 나름대로 별이름을 부르며 즐거워했다. 여섯 살 난 막내동생이 동네 나가서 우리 집은 밤에 방에서 별을 본다고 자랑을 해서 동네 꼬마친구들이 구경을 오기도 했다.

빗물로 얼룩진 벽에 '꿈은 푸르게'라고 붓으로 써 붙여 놓고 바라보았다. 그 환경에 대한 아픔이나 부끄러움이 없었다. 가슴에 새겨진 '지족'이란 의미의 덕이라고 할까. 가난을 즐겼다고 하면 누구도 이해할 수 없을 것이라 생각하며 마음에 따스함이 감돈다.

아버지가 살아 계시던 어린 시절, 조부모님은 젊어 고생은 천금을 주고 사서 한다는 말씀과 고생한 후 대성하는 옛 인물들의 이야기를 자주 들려 주셨다. 그때 '나는 고생을 하지 않아 어쩌지.' 하는 생각이 스쳐간 기억이 있다. 돈을 주고 사지 않고 고생하니 다행이라는 생각을 하였다. 은연중에 살아가는 데는 변화가 있고 고난은 성장의 힘이 된다는 것이 입력되었으리라는 생각이다. 커가면서 내 나름의 그림을 그리는 삶을 살리라는 소망을 가졌다. 풀냄새 흙냄새 가득한 길가 사립문을 활짝 열어 놓고 지나는 이가 들어와 목마르다면 시원한 냉수를 마시고 갈 평상을 마당가 그늘에 놓아둔 집. 삶을 한 폭의 수채화로 생각하며 살고자 했다.

올 정초에는 형제들의 아들 손자 삼대가 다 모였다. 예순둘이 된 막내 동생이 옛날 방에서 별을 보던 집을 자랑했던 이야기를 하며 웃음꽃을 피우는 즐거운 시간을 가질 수 있었다. 우리 오남매가 어린 시절 갑작스런 가정환경의 변화로 고난과 아픔의 세월을 살았지만, 좌절하지 않고 사람의 도를 걸어 후회 없는 삶을 살 수 있었던 것은 조부모님의 무한한 사랑과 교훈, 끝없이 들려주신 옛이야기 덕이라고 생각한다. 아무리 좋은 것을 많이 가졌다고 해도 지족할 줄 모르고 욕심에 사로잡히면 가진 것이 내 것이 될 수 없다. 어떤 환경에서든 적고 작은 것을 가져도 긍정적으로 받아들여 지족하며, 내 것으로 가꾸어 갈 때 아름다운 삶의 향기가 나는 것이라 생각한다. 요즘 우리의 가정은 대가족이 해체되어 핵가족으로 변했고, 교육은 오로지 인지교육에만 전념하는 것 같아 안타깝다. 우주가 담겨 있고 사랑과 꿈이 가득했던 조부모님의 무궁무진한 이야기 덕에 지족하며 복된 세월을 살 수 있었음에 감사한다.

사람은 고난을 통하여 변화를 모색한다. 우리 형제들은 고난 중에 낮아져 하나님을 섬기는 축복을 누리며 산다. 고난은 축복의 통로라는 말씀을 늘 묵상한다.

흙길

어릴 적 우렁을 잡으며 맨발로 뛰놀던 논두렁길을 걷고 싶다. 적당히 보드랍고 촉촉한 흙길을 걷고 싶다. 그런 생각을 하면 발에 촉촉이 스며들던 진흙의 보드레한 촉감이 금방이라도 발끝에 달라붙는 듯하다. 마음 언저리에 늘 자리한 고향 같은 흙길이 그립다. 여름날 열기에 찐득찐득 녹아내린 아스팔트를 걷다보면 더욱 간절하다. 코끝으로 고약스럽게 올라오는 후덥지근한 열기와 신발바닥에 닿은 지열은 더욱 흙길을 그립게 한다. 밭이랑의 흙, 논두렁길의 보드레한 흙, 무논의 진흙, 황토, 그 빛깔도 흙내음도 발에 스미는 감촉도 다 다르다. 어디론가 흙내음 짙은 곳으로 훌쩍 떠나고 싶은 생각이 들기도 한다. 그러나 그것은 마음뿐 일상에서 벗어나기가 쉽지 않다.

마침 한국을 떠나 계셨던 친지분이 오셨다. 친지분과 여행을 가기로 했다. 흙길을 밟아 보고 싶다는 내 의견을 앞세우기는 했지만 여행지를 수안보로 결정했다. 온천욕도 하고 문경새재를 넘어 보자는 생각에서다. 우리는 계획대로 문경새재 삼관문에서 일관문까지 약 7km를 걷고 수안보에서 온천욕을 하기로 했다.

문경새재는 조선시대엔 영남에서 한양으로 통하는 가장 큰길이었다. 과거 보러 가던 선비와 괴나리봇짐을 멘 보부상, 세곡稅穀과 궁중 진상품 등 영남의 사람과 산물이 이 새재길을 통해야만 했다. 새도 쉬어 넘는다는 험한 고개에 민초들의 땀과 눈물, 길손들의 애환과 사연이 서려있는 새재 옛길은 이제 등산로 오솔길 산책길로 남아 있다. 그 길을 걷고 싶은 마음이긴 했지만 비가 오락가락해서 나이 든 이들에게 위험할 것 같았다. 새로 넓게 뚫린 길이 있어서 아쉽지만 그 길을 걷기로 했다. 그 길도 포장되지 않은 고즈넉한 멋이 그대로 살아 숨쉬는 흙길이요 차가 통제되는 길이라 좋았다. 고운 흙길을 따라 걸으면서 우거진 숲의 향기와 넉넉하게 품에 안은 산자락의 고요가 마음을 편안하게 해주는 길동무가 되어준다.

옛길의 역사와 나들이의 낭만이 고스란히 살아나는 문경새재 흙길을 밟으며 칠십평생을 걸어온 길을 돌아본다. 어릴 적 시골에서 살아서 학교에 오고 가던 길, 흙길에는 이름 모를 꽃이 피고 질경이는 발에 밟히면서도 굳세게 자랐다. 길가 언덕의 삘기도 뽑아 먹고, 멍석딸기도 따먹기도 한 생명이 살아 숨쉬는 길이었다. 읍에서 중학교에 다닐 때 토요일에 집에 가는 날 차가 다니는 신작로로 가지 않고 야트막한 고갯길을 넘어 농촌마을 들길을 가는 적이 많았다. 사람과 자연이 살아 숨쉬는 생명감을 느끼며 혼자 걸어도 외롭지 않았다, 내 인생길에도 지름길이나 화려한 길보다는 내게 주어진 길을 걸었다. 멀어도 돌아서 어릴 적 걷던 그 흙길처럼 생명이 살아 숨쉬고 인정으로 따스한 길을 고집했다.

길 양쪽으로 우거진 잡목들이 터널을 만들어 주고 있다. 바람이 불면 이파리에 이고 있던 물방울을 살짝 뿌려 주어 시원했다. 남편은 오랜만에 만난 친지분과 정담에 젖어 그 물방울을 툭툭 떨어내며 앞서가고 있었다. 길 왼편에는 도랑물이 도란도란 얘기를 나누며 흐르고 있다. 오른편엔 우거진 숲을 끼고 흐르는 계곡물이 하얗게 부서지며 소를 만들고 있다. 그 모습을 보며 돌 위에 앉았다. 말이 필요 없었다. 숲내음과 개울물 소리에 젖어 뒤를 돌아보았다. 산이 좋아 오르던 수십 년 전에도 산과 나무와 바람과 개울물은 바로 오늘과 같았다. 아득한 태고에도 이 자연은 같은 조화를 이루었으리라.

흙은 모든 생명체의 고향이다. 인간도 흙에서 와 흙으로 돌아간다. 그 때문에 인간은 흙에 대한 그리움을 안고 사는가 보다. 인간과 흙의 짙은 인연을 생각나게 하는 한 토막의 그림이 있다. 한국 전쟁 때 미군과 인민군의 작렬한 전투가 스쳐간 태봉이란 곳이 있다. 신작로 한편으로 논이 있는데 그 논에 군데군데 벼가 짙은 녹색으로 웃자라고 있었다. 이는 미군이 전사하여 누웠던 자리라고 했다. 보통 사람의 누운 넓이보다 삼사 배나 되는 넓이였다. 우리가 읍내로 이사하기 전 삼 년을 토요일에 집에 갈 때마다 보고 전쟁의 아픔과 인간의 역사의 비극을 새겨보곤 했다. 사람의 육신은 흙을 기름지게 한다는 것을 실감했다.

아파트 뒷길을 걸을 때마다 느낀다. 아스팔트 넓은 길엔 풀 한 포기 자라지 못함을 본다. 옆 좁다란 인도의 보도블록 사이 좁은 틈에서 풀은 자라고 애잔한 꽃을 피우기도 한다. 이를 볼 때마다 신기해 멈추어서 들여다보기도 한다. 흙은 생명의 원천임을 실감하며 인공의 한계와 자연 섭리의 무한한 신비함이 마음에 따스하게 젖어온다.

소망의 집

아름다운 사람들이 사는 곳, 그곳이 왕촌에 있는 소망의 집이다. 산과 산이 마주하고 맑은 개울물이 도란도란 흐르는 산골짝 마을이다. 이곳에 소망의 집이 자리한 지 15년의 세월이 흘렀다. 세상에서 소외된 이들이 서로 보듬고 사랑으로 가꾸어 가는 소망공동체다. 저마다 다른 장애를 안은 장애인들이다. 그러나 한 가족처럼 사랑으로 도우며 밝은 소망의 꽃을 피워가고 있다.

오늘은 이 소망의 집에서 큰 잔치가 있는 날이다. 그간 꿈으로 소망해 온 사회복지법인 소망공동체가 승인되어 개원식을 갖는 날이다. 견고하고 편리한 350평의 아름다운 현대식 건물이 완공되어 우뚝 서 있다. 한마디로 표현할 수 없는 감회가 교차된다. 기적이다. 한 사람의 사랑과 지혜가 깊은 신앙과 결합할 때 높이 승화되어 불가사의한 기적을 낳는다.

26년 전을 돌아본다. 이곳 원장은 사지마비 장애 1급이다. 대학 1학년 때 행글라이더를 타다 사고로 육 개월 간 의식불명에 있다가 깨어나 장애인이 되었다. 병원치료는 물론 온갖 토속적 치료까지 다 받아 보았다. 아무런 효험이 없어 절망하고 있었다. 시골집 어두운 윗방에 홀로 누워 아무리 궁리를 해도 길이 없었다. 절망을 안고 죽음을 생각했다. 움직일 수 없는 몸으로 누워서는 죽음도 막연한 생각으로 머물 뿐이다.

그때 고등학교 동창인 친구의 성의 있는 권유와 기도로 기독교인이 되었다. 소망을 가지고 꿈을 그리어 갔다. 그 후 십 년 동안 자신을 신앙으로 성숙시키며 집 방에서 작은 도서실을 운영하기도 했다. 여러 가지 훈련을 거쳐 1989년 소망의 집을 개원했다. 장애를 안고 누워서 이렇게 기적을 이룰 수 있었다.

개원식에 많은 손님이 와서 축하해 주었다. 이 산골 마을에 차가 오육십 대가 와 마당을 메우고 있다. 고마운 손길들이다. 그간 국가 보조 없이 운영할 수 있도록 성의를 모아 후원해 주신 분들이 미국, 서울 각지에서 오셨다. 감격 어린 기념예배를 드렸다. 진행 중에 장애우들의 축하 찬양과 찬무에 가슴이 뭉클하니 눈시울이 뜨거웠다. 찬양은 휠체어를 탄 처녀가 홀로 불렀다. 일곱 명의 장애우들이 찬무를 추었다. 달려 나가 뒤에서 꼭 안아주고 싶은 충동이 느껴졌다. 뒤로 넘어질 듯해서였다. 정신지체 장애우들이 온몸과 마음으로 자기 최선을 다하는 모습은 진실이요 아름다움이었다. 텔레비전 무대에서 노래하는 이의 뒤에서 춤을 추는 이들을 본다. 별 관심 없이 스치는 화면이었다. 그러나 오늘은 달랐다. 나뿐 아니라 모두가 감동을 받았다.

원장 스스로 장애인이기에 장애인의 심정과 처지를 이해하고 사랑을 실천하고 있다. 소망의 집 꿈은 재활과 자립으로 작은 일이라도 함께하는 것을 원칙으로 하고 있다. 재가 장애인들까지도 함께하는 다양한 프로그램이 많다. 소망의 집 사람들은 그늘이 없이 밝고 명랑하다. 집도 청결하고 깨끗이 가꾸어져 있다.

이곳을 찾을 때마다 많은 생각을 한다. 언젠가 왔을 때 일이다. 예은이라는 아홉 살 여아는 서지도 못하고 말도 하지 못했다. 앉아서 기는 아이다. 그날 같이 갔던 분이 빨리 나가서 차에 시동을 걸고 계셨다. 예은이가 현관 밖까지 기어 나와서 웃으며 무엇이라고 소리를 지르고 있었다. 나는 손만 흔들어 주며 차에 올라 돌아왔다. 오면서 안아 주지 못하고 돌아온 내 무정이 부끄러웠다. 모든 동물이 네 발로 기는데 인간만이 직립하는 것은 두 손을 남을 위해 봉사하라는 의미라고 누군가 말했다. 공감하고 있다. 예은을 한번 안아 주지 못하고 온 내 야박한 인정을 스스로 질책하며 내내 마음이 무거웠다. 얼마 뒤에 다시 갔을 때도 예은이는 반가워했고, 떠나는 나를 배웅해 주었다. 지난번 나의 몰인정을 탓하지 않고 반기는 예은을 손으로만이 아니라 마음으로 안고 감사했다. 세상이 말하는 장애인, 비장애인을 가볍게 구분해 말할 수 없다는 생각을 한다. 진정 장애인은 누구인가? 자기중심적 이기심에 사로잡혀 이웃을 잃어버린 사람, 사랑을 잃어버린 사람들이 아닌가. 그 종류가 다를 뿐이라는 생각을 한다. 이곳 식구들은 순수하다. 서로 할 수 있는 일을 도우며 사랑한다. 세상에서 볼 수 없는 진실한 사랑이 숨쉬는 집이다.

세상 풍조 따라 바쁘게 살며 사랑이라는 인생의 근본을 생각해 볼 여유가 없던 청소년들이 이곳에 와 몇 주 봉사하면서 많은 것을 깨닫고 변화한다. 사랑을, 인생을 배우고 소망을 안고 간다. 그곳에 장애노인 양로원과 장애인 대안학교를 세우기를 소망하고 있다. 원장의 이 아름다운 꿈이 이루어져 그곳이 장애인들의 천국이 되기를 바라는 마음 간절하다. 원장 사모님과, 봉사하는 선생님 중에는 세상에서의 요직을 마다하고 청춘을 바쳐 헌신하고 있다. 참 눈물겹도록 아름다운 이야기들이 숨은 집이다.

남을 위해 자신을 드리는 삶은 참 아름다움이라고 생각한다. 이웃들에게 산 소망이 살아 숨쉬는 그곳에 가 보라고 권하고 싶다.

징소리

징소리는 고향 소리다. 가끔 징소리를 회상하며 그 여음에 젖어 긴 시간 상념에 젖기를 즐겨한다.

요즈음은 지방 행사 때만 되면, 사물놀이, 농악 같은 우리 고유의 놀이들이 많이 등장한다. 텔레비전 무대에서도 징은 자주 보고 소리를 들을 수 있다. 내가 말하는 징소리는 이런 행사에서 듣는 흔한 징소리가 아니다. 어린 시절 시골 작은 마을에서 듣던 아주 은은하고 환상적인 징소리다. 그 징소리의 여운을 회상하면 언제나 미소가 떠오른다. 그 시절에는 지금처럼 화려한 악기도 없었고, 장구, 북, 꽹과리, 징이 전부였다.

옛날 시골에서는 두레라고 농사철에 이웃들이 서로 협력하여 모내기를 하며 풍장을 쳤다. 정초에는 마을을 돌며 일 년 동안 평안을 기원하는 풍악을 울렸다. 집집마다 울안을 돌며 특히 장독대와 부엌에서 절을 하며 복을 빌어 주었다. 그러면 그 집 형편에 따라 쌀을 내어 주곤 했다.

어느 해던가 정초에 우리 집 마당에 동네 사람들이 몰려와 풍장을 치며 빙빙 돈 적이 있었다. 장구, 북, 꽹과리를 치는 사람들은 어깨춤을 추며 머리로 장단을 맞추고 빨리 치다 늦추어 치기도 하며 재주를 부렸다. 그런데 징을 치는 아저씨가 유난히 내 관심을 끌었다. 그는 얼굴이 징처럼 둥그렇고 키는 작달막한데 징을 한번 '지……잉' 하고 울리고는 소리 없이 싱그레 웃었다. 어깨춤도 장단도 없이 징 소리의 여음이 사라지기를 기다렸다가 다시 한번 '지……잉' 소리를 내며 미소를 짓던 그 모습이 징소리와 잘 어울린다 생각되었다. 요란하고 시끄러운 꽹과리나 장구 소리보다 울림이 있는 징소리가 좋았다.

내가 살던 곳은 앞뒤로 산이 골이 져 있는 산골마을이었다. 십여 호 남짓씩 자연부락이 몇 개 합쳐져 마을을 이루고 있었다. 그래서 마을에 울력으로 해야 할 일이 있든지 상의할 일이 있어 모이라고 할 때면 으레 징을 쳤다. 징은 지금의 방송이나 마이크 대역이었다. 그 소리는 산등을 넘고 골짝을 건너 은은하게 아주 멀리 울려 퍼졌다.

어느 해 모 심을 즈음이었다. 해가 저물 무렵에 동구 밖에서 모심기를 마치고 돌아오는 농군의 징소리가 들렸다. 그 징소리가 긴 여음을 안고 파장을 이루며 골짝 골짝을 넘어 가던 기억이 내 가슴에 그림자처럼 머물러 있다. 그 뒤로 나는 심심하면 우리 집 뒷동산에 올라가 손으로 입을 두드리며 '아아…….' 하고 소리를 내어 보거나, 노래를 불러 보기도 했다. 그러면 그 소리가 산 메아리가 되어 다시 내게로 돌아오는 것이 신기하고 즐거웠다. 그 소리는 그림자처럼 내게 머물러 있는 바로 그 징소리를 연상하게 했다. 눈에 보이지 않지만 멀리 울림이 퍼져나가는 그 소리는 긴 얘기를 담은 소리요. 내 마음의 바람이나 꿈을 엮어 징소리에 띄워 멀리 멀리 보내는 공상을 하기도 했다.

내가 그 마을을 떠난 후에도, 그 징소리의 여음과 아저씨의 미소가 가끔 떠오를 때가 있었다. 그때마다 나는 막연히 징소리를 닮은 삶을 살고 싶다는 생각을 했다. 은은하고 여운이 있는 그 소리는 여유가 있고, 긴 이야기가 담겨있는 듯 느껴졌다. 그리고 그 아저씨의 미소는 따뜻한 인정이 담긴 넓은 가슴으로 연상되었다. 스쳐 지나가다가 다시 돌아보고 싶은 온화한 모습……. 바로 그것은 내가 닮고 싶은 모습이었다. 마음속의 이야기를 나누고 싶을 때 잔잔한 미소로 받아 주고 기쁨도 아픔도 함께 나눌 수 있는 따스한 사람을 그리어 보기도 했다. 인생 여정에서 다다를 수는 없어도 꿈으로 가꾸어 보는 이상형이었다.

세월이 갈수록 징소리의 여운이 더욱 짙게 다가온다. 그것은 문명이 가져다 준 변화에 선뜻 동화되지 못하는 낯섦 때문이다. 아니 도시의 소음과 문명 속의 금속음 때문이라고 하는 것이 더 가깝다. 문명의 소리들은 삭막하고 또 공포와 아픔의 소리이기 때문이다.

며칠 전에도 아파트 앞 도로에서 찢어지는 듯한 소리의 마찰음이 창을 울렸다. 내려다보니 차들이 멈추어 서고 어느 노인이 건널목에서 피를 흘리며 쓰러져 있었다. 그 참혹한 광경을 소리로 먼저 들은 것이다. 알고 보니 바로 그 노인은 아파트 옆 동에서 혼자 외롭게 사는 분이었다. 문명의 소리는 아픔이다. 비록 소리뿐인가? 인간의 정이 흔들리고, 끊어지고 있다. 문명의 소리로 인해 가정이 흩어져 가고 있다. 노인들이 거리로 쫓기고 홀로 집 지킴이로 황혼의 여정을 고독하게 걷고 있는 것이다. 그때마다 나는 메아리가 사라진 이 세상에서 징소리에 대한 아련한 그리움으로 가슴을 적시고 있다. 메아리는 직접 듣는 것보다 더욱 고운 소리로 아름답게 대답해 온다. 지금도 가슴속에 울리는 징소리는 미소를 머금게 하고 사랑을 담은 소리로 늘 머물러 있다. 그 소리를 영원히 마음에 묻어 두고 듣고 싶다.

토끼 한 마리 죽지 않았다

산이 불타고 있다. 텔레비전에 온 산이 화염에 싸여 타는 안타까운 장면이 나온다. 저 안에 짐승들도 많을 것이란 생각에 미치자, 몇 년 전의 남아시아 지진해일 장면이 연상되었다. '토끼 한 마리 죽지 않았다'라는 소식이 그때 내 생각을 사로잡았고, 지금도 가끔 생각이 난다. 수많은 인명 피해에도 불구하고 스리랑카 야생동물보호 구역인 알라국립공원에서는 동물의 사체가 전혀 발견되지 않았다는 것이다.

만물의 영장이라는 인간은 몇 분 뒤에 있을 재해를 감지할 수 없었다. 그런데 동물들은 재해가 언제 일어날지 예감하고 미리 안전한 곳으로 피했기 때문이라고 한다. 이런 일들이 가볍게 스쳐 지나갈 수 없게 나를 붙든다. 그간 지구상에 있던 재해를 더듬어 보았다. 역사적으로 화산 폭발이나 홍수 등 큰 재해에 앞서 동물들은 다 피하여 죽음을 면했다는 기록들이 있다. 겨울잠을 자던 곰, 개구리 등도 잠을 깨어 피했다.

해일이 일어난 그날 텔레비전 화면에 비친 한 장면이 눈에 어린다. 사람들이 바닷가에서 산더미처럼 밀려오는 파도를 망연히 바라보다가 정작 가까이 와 덮칠 때 속절없이 휩쓸리는 모습이다. 그곳이 휴양지여서 세계 여러 나라 사람들이 희생이 되어 재해에 대한 의견이 분분했었다. 요즈음도 자연 재해가 세계 곳곳에서 자주 일어나고 있다. 문명은 인간 위주로 편의를 누리는 가운데 이산화탄소로 지구가 온난화되어 더 많은 무방비 재난이 일어날 것이라고 한다. 자연 재해 앞에 인간의 문명이 얼마나 무력한가를 생각하며 먼 지난날 시공을 넘어 어린 시절 기억을 더듬어본다

이른 새벽 닭울음소리에 잠이 깨고, 산새 들새들의 아름다운 합창에 젖어 하루해가 저물곤 했다. 산골마을에서는 자연, 천기, 동물들이 시간과 일기예보를 해 주었다. 농사철에 가뭄이 계속되면 비를 목마르게 기다린다. 마파람이 불거나, 밤에 달이 물을 머금고 달무리를 지으면 비가 온다고 좋아했다. 도랑 가에서 놀다가 개미가 줄을 지어 산언덕으로 오르면 집으로 달려가 비가 오려나 보다, 전하며 기뻐했다. 제비가 땅 가까이 날면 비가 온다. 자연 안의 생명체들이 어울리며 잔잔히 숨쉬던 그적엔 자연과 동물이 주는 예지는 헤아릴 수 없이 많았다.

할머니가 들려주신 이야기가 떠오른다. 어린 시절 친구 서넛이 깊은 산으로 산나물을 캐러갔다. 어느 바위 아래서 고양이

비슷한 복슬복슬한 강아지 몇 마리가 서로 장난을 하며 즐겁게 노는 것을 보고 나물 캐는 것을 잊고 어루만지며 안고 한참을 즐기며 놀았다. 한 마리씩 가져가자며 안고 있는데, 어디선가 산을 울리며 짖는 소리에 깜짝 놀라서 보니 앞 등성이에서 커다란 호랑이가 이곳을 향해 달려오고 있었다. 무서워 나물 바구니를 버려두고 집으로 뛰어 왔다.

그런데 다음 날 아침, 집집마다 사립문 밖에 자기 바구니에 나물이 담겨 놓여 있었다고 한다. 어른들께서는 호랑이는 영물이라고 말씀하셨다. 그때 그 뜻을 몰랐지만 거짓말 같은 참말일까? 하고 그 이야기를 며칠 두고 생각하며 신기해했던 기억이 있다. 한국 전쟁 나기 전 해에 가뭄이 심해 산골마을 건답에는 조나 메밀을 심기도 했다. 밤이면 여우나 늑대가 산에서 내려와 요란하게 울어대서 무서워 밤에는 밖엘 나다니지 못했다. 어른들 말씀이, 세상에 큰 변이 있으려면 천기의 변화가 심하고 짐승들의 활동이 소란해진다고 했다.

짐승은 세월이 가도 예지를 변함없이 유지하는데, 사람에게도 오감이 있고 영 · 육 · 혼의 구조를 가지고 있는데 짐승들의 예견을 따르지 못할까? 육의 탐욕과 혼의 지적 비대로 영이 흐려졌기 때문이라는 생각을 한다. 옛 어른들은 앞을 보시는 예지가 있으셨다. 천진한 어린이에게 어느 순간 섬광처럼 지나가는 예감이 있다. 탐욕의 세상 때가 묻지 않은 순백의 영혼에는 예지가 숨쉰다는 생각을 한다.

아프리카 초원을 여행한 분의 글을 감명 깊게 읽은 기억을 되새긴다. 푸른 대초원에 사자와 가젤이 함께 어울려 사는 평화로운 모습이 인상적이었다. 동물은 배가 부르면 먹이를 탐하지 않는다. 가젤은 함께 놀 시간과 피할 시간을 분별하는 예감이 있다.

'토끼 한 마리 죽지 않았다.' 라는 구절이 오래도록 내 귓가에 메아리로 머무른다. 나름대로 많은 생각을 엮어본다. 사람은 지족知足할 줄 모르는 한없는 탐욕으로 예지를 상실하고 있다는 생각이다.

■ 서평

그림자 찾기와 벗어나기

– 최정윤의 수필세계

강 돈 묵

■ 서평

그림자 찾기와 벗어나기

– 최정윤의 수필세계

강돈묵

1. 들어가면서

흔히 '글은 작가다'라고 말할 때 떠오르는 장르는 수필이지 싶다. 그만큼 수필은 다른 장르의 글보다 작가의 삶이 글 속에 녹아 있다. 아무리 수필에서 '허구'를 허용한다 해도 작가의 삶이 겉으로 드러나게 된다는 엄연한 사실 앞에서는 어쩔 수 없다.

또 수필은 이미 독자들과 기왕에 있었던 사실을 고백한다고 하는 약속이 되어 있는 처지라서 허구를 맘대로 사용한다든가 하는 낯가리기는 불가능하다. 다만 수필도 문학이기에 상상력을 발휘하여 글을 구성하고 표현해 갈 수는 있다. 그렇다고 정신적 작용마저도 족쇄를 채워서는 안 된다.

그러면서도 문학이 현상을 적는 것이 아니고, 본질을 적는 것이기에 글감이 함유하고 있는 의미를 찾아나서는 작가의 수고는 반드시 이루어져야 한다. 자신이 경험한 바를 줄글로 적어 놓고 수필을 썼다고 한다면 그것은 철없이 순진한 생각이다. 수필은 선택된 글감에 대한 작가의 해석이 반드시 있어야 한다. 글감을 개인적인 경험으로 자기화하는 과정을 거쳐야 수필은 주제가 구체화한다. 이러한 구체화 과정이 끼어있지 않으면 주제는 통일성을 확보하지 못하여 작가가 독자들에게 전달하려는 메시지가 떠오르지 않고 잠수해 버리고 만다.

작가가 해야 하는 이 구체화 작업은 주제의 의미화에 크게 기여하게 된다. 느낀 감동이 고여 있는 웅덩이 속에 작가의 시선을 드리우고, 일상생활을 하면서 그곳에서 끄집어낸 정서를 나름대로 적어 놓고 마는 것이 아니라, 대상을 바라보고 느낀 정서를 작가의 삶에 역류시키거나 여과시킴으로써 자연히 얻어지는 자기 관조가 있어야 문학인 것이다.

작가 최정윤에 있어서 이러한 의미화 과정은 철저하게 작가 내부에 상존하는 어린 시절의 아픔에 발을 내리고 있다. 잊고 살만 하면 느껴지는 손톱 밑의 가시처럼 그에게 있어서 과거는 끊을 수 없는 업보인 양 따라다니고 있다. 좋든 싫든 그가 존재하여 숨쉬는 공간은 풍성하고 다채로운 삶의 열매가 익어가는 공간임은 분명하다. 비록 고통의 순간이었다 해도 지나고 나면 미소 지을 수 있는 것은 과거의 일이기에 가능하다. 그래서 그는 〈고가〉에서 '인생은 한정된 시간을 살지만 이일 저일 겪으며 많은 체험을 하는 것은 공간을 향유하며 살기 때문이라고 생각한다. 비록 그 공간이 아픔일 수도 힘겨운 짐일 수도 있지만, 그것은 풍성하고 다채로운 삶의 열매가 익는 곳이다. 그 열매는 후일 우리가 뒤돌아보며 미소 지을 수 있게 한다. 그래서 나도 이제는 깊이 묻어 둔 어린 날의 아픔이 서린 고가의 화폭을 살며시 열며 미소를 지을 수 있는 것이다.'라며, 어린 날의 아픔을 끄집어내고 있다.

바로 이런 자세를 견지하고 있는 작가이기에 어린 시절의 일상에서 얻은 삶의 태도가 지금껏 자신을 지탱해 주고 있다. 작품 전편에 걸쳐 녹아 있는 작가의 성장 루트는 보름달이 떠 있는 시골길을 걷는 것처럼 훤히 드러나 보인다. 우리는 작가 최정윤의 작품세계를 알기 위해서는 이 길을 조용히 따라가 볼 필요가 있다. 그가 살아온 그림자가 어떻게 현현顯現되고 또 벗어나기 위해 노력한 결과가 어떻게 나타나는지를 살펴보기로 한다. 그의 그림자를 따라 함께 여행함으로써 그의 삶의 태도와 칠십 년이 넘은 세월에서 얻어낸 삶의 의미를 만날 수 있는 것이다.

2. 작가가 걸어온 길

작가 최정윤의 어린 시절은 아주 행복했다. 다만 그 기간이 너무도 짧았고, 그 짧은 행복의 뒤에는 엄청난 고통과 무거운 짐이 그를 기다리고 있었다. 부유한 집안의 장녀로 태어나 어른들의 사랑을 독차지하다시피 했으나 아버지의 떠남은 그에게 엄청난 짐을 안겨주게 된다. 너무 어린 나이에 집안을 온전히 지켜야 하는 기둥이었던 그는 늘 할아버지를 추억하며 산다.

작가가 강한 자존심으로 이런 고난을 이겨낼 수 있었던 것도 일찍이 할아버지에게서 전수된 생활 태도와 신념이 있었기에 가능했지 싶다. 그의 세상살이에는 언제나 할아버지가 곁에 있다. 아버지와 어머니는 언제나 공백이다. 부모의 정을 느끼기 전에 밖으로 나간 아버지는 끝내 작가가 십대 중반이었을 때 영원히 떠나고 만다. 그녀의 수필에서 아버지는 이 정도 고개를 내밀 뿐이다. 그가 처음 세상을 짊어지게 되는 과정이 〈하루거리〉에 상세히 적혀 있다.

> 나는 근심 걱정이라는 학질을 자주 앓았다. 병의 근원은 강한 자존심 때문이라는 생각을 한다. 내가 심신의 학질을 앓기 시작하여 고질병처럼 갖고 있게 된 것은 아마도 십대 중반에 아버지가 돌아가신 후인 것 같다. 아무 준비도 없이 졸지에 닥친 불행이다. 겉으로는 당당하려 했지만 두려움은 늘 잠재의식 속에 있었다. 가정의 제반사에 책임을 안고 살아온 경력은 고질병처럼 달라붙어 무슨 일이 닥치면 해결책에 대한 고민이 늘 앞선다. 어리던 동생들도 이미 다 어른이 되었는데도 지나치게 간섭했다. 이런 나를 스스로도 못마땅해 했다. 학질을 완벽하게 떨쳐내지 못하는 내 가슴에 찬바람이 스치곤 했다. 참 어처구니없는 일이었다. 모든 일에 해결사인 양 지나친 관심으로 근심걱정에서 놓여나지 못했던 지난날을 돌아보면 호된 하루거리를 앓고 난…….
>
> — 〈하루거리〉에서

그는 살아오면서 자신이 견지했던 삶의 태도를 '하루거리'에 비유하고 있다. 매사에 책임지고 모든 일을 완벽하게 해결하려는 성격은 어려서부터 최선을 다해야 했고, 자신을 늘 긴장되게 잡아두려 애썼던 데에서 얻은 고질병이라고 설파한다. 자신을 자주 학질을 앓은 환자에 비유하면서도 온전한 듯 완벽을 기하려던 마음을 내려놓으면 바로 치유할 수 있음도 안다. 그 역시 이런 자신의 성격에 불만을 갖고 있다. 처방까지 정확히 알고 있으면서도 치유하지 못하는 자신을 비웃기도 한다.

이와 같이 작가에게 있어서 어린 날의 상흔傷痕은 깊이 드리워져 있다. 그 치유는 자신의 마음에 따라 좌우된다는 사실도 알고 있지만 그것이 그리 쉬울까. 이미 자신의 속에는 과거와 짙게 선이 닿아 있기에 힘든 것이다.

> 어느 날은 어머님이 이런 말을 하셨다. 어제 밤에 대문 밖에서 누가 아버지 이름을 불러서 예하고 나가려고 했다. 그런데 밤에 한번 부르면 귀신이 부르는 소리란 말이 생각이 나서 나가지 않으셨다. 다음날 동네에 알아보았더니 어제 밤에 찾아 왔었다는 사람은 없었다. 그 후 6 · 25 전쟁이 일어났다고 뒤숭숭한 어느 날 밤에 우리 집 대문을 쾅쾅 두드리는 소리에 나는 잠이 깨었다. 잠이 깬 나는 아무 이유도 없이 가슴에 차가운 한줄기 물살이 쏴하니 스쳐가는 섬뜩함을 느꼈다. 나는 놀랐고, 아버지는 찾는 이들과 함께 집을 나가셨다. 그 모습을 보며 아버지는 '못 돌아오셔, 마지막이야'라는 예감이 스쳤다. 놀라서 고개를 저었지만 그 예감은 사실이 되어 그 뒤로 아버지는 우리 곁으로 오시

지 못했다.

— 〈고가〉에서

아버지가 떠나시던 날의 상황 묘사다. 한국동란이 일어난 직후의 상황이다. 작가의 집안에 먹구름이 보이기 시작하는 징조를 보여줌으로써 암울했던 세월을 암시한다. 그러면서도 둘로 갈라져 갈등하던 당시의 사회상을 드러내 주는 대목이다. 이데올로기의 갈등 속에서 떠나던 아버지의 마지막 순간의 모습을 작가는 뚜렷이 기억한다. 하지만 작가는 어린 나이에 이것이 아버지의 마지막이라고까지 예감했던 것은 신기하다. 벌써 자신의 내부에서 이 가문을 지켜야 한다는 운명이라도 감지한 것처럼 느끼고 있는 것이다.

이런 과정을 거쳐 맡게 된 가문. 아버지는 일찍 떠나고, 할아버지의 슬하에서 삶의 태도를 익히며 살아간다. 어쩌면 〈중용〉에 박식했던 할아버지가 이미 가문의 앞날을 예견하고 장손녀인 자신에게 무거운 짐을 견뎌낼 수 있게 훈육한 것인지도 모른다는 생각까지 하고 있다.

그렇다고 주저앉을 수도 없었다. 주저앉고 싶을 때 조용히 내 곁에 다가오시는 할아버지의 영상은 나를 서야 할 위치에 서 있게 힘을 주셨다. 그리고 해야 할 일을 무언으로 알려주셨다. 할아버지께서 가르치신 전화위복轉禍爲福, 고진감래苦盡甘來, 진인사대천명盡人事待天命 등의 어려운 문자적 교훈에 앞서, 그날 주머니 속에 아끼셨다가 깎아 주신 알밤 한 톨에 담긴 사랑과 그윽하신 눈빛은 바다보다도 깊은 사랑이 담겨 있었고, 진주보다 귀한 말씀이 서려 있었다. 지금도 그 빛과 힘을 세상을 사는 버팀목으로 삼고 있다. 아무리 고통이 밀려와도 함부로 살아 갈 수가 없다. …〈중략〉… 사랑은 힘의 원천이라는 것을 세월이 이만큼 흐른 후에야 알게 되었다. 지금 담담한 마음으로 그 지나간 시간들을 회상해 본다. 이제는 나도 흐뭇한 미소를 지을 수 있다.

– 〈할아버지의 알밤 한 톨〉에서

작가 최정윤의 어린 시절에는 언제나 할아버지가 함께한다. 아버지의 빈 공간을 채우는 정도가 아니고, 그 이상이다. 자신의 삶의 모두인 것이다. 작가 자신이 힘들어서 주저앉으려 하다가도 어느새 찾아오는 할아버지의 영상에 다시 힘을 얻고 일어선다. 무언의 위로까지도 그에겐 엄청난 힘이 된다.

이 모든 것은 할아버지의 지극하신 사랑의 덕으로 생각한다. 주머니 속에 아끼셨다가 깎아 주신 알밤 한 톨에 담긴 사랑과 그윽하신 눈빛에는 바다보다도 깊은 사랑이 담겨 있었음을 감지한다. 그 어린 날의 할아버지의 사랑을 버팀목으로 지금도 세상을 살아내고 있는 것이다. 이만큼 흘러온 세월 앞에서 그래도 웃을 수 있는 것은 사랑이 모든 힘의 원천이 되었기 때문이다.

이렇게 나는 어린 나이에 할아버지의 수의감을 길쌈했다. 정성들여 길쌈을 하면서도 씨줄과 날줄을 음양 관계로 인식하며 할아버지의 교훈을 가슴에 새겼다. 손과 발이 제몫을 다하는 조화를 이룰 때 베는 짜여졌다. 베틀에서 한 올 한 올 짜여 한 뼘 두 뼘 불어나 필목이 되는 것은 신선한 기쁨이었다. 할아버지의 수의감을 짜며 나는 무척 기뻤다. 그분의 깊은 사랑에 보답한다는 흐뭇함도 있었고, 한편 아릿한 아픔이 가슴을 스치기도 했다.

그 수의 조각을 오랜 세월이 지난 후에 이장하면서 할아버지의 유해 아래에서 주워서 바라보고 있다. 그 긴 세월 동안 손녀의 사랑을 고이 간직하고 계셨던 할아버지의 사랑이 가슴 깊이 스며드는 순간이다. 내 생활이 이지러지면 가끔씩 음양의 조화에 맞게 살기를 이르셨던 할아버지의 교훈이 지금도 강렬하게 내게 전달되고 있다.

— 〈수의 조각〉에서

언제 어디서나 나타나는 할아버지인 것이다. 자신의 삶에 없어서는 안 되는 할아버지의 존재, 그분의 울력으로 살아온 세월이다. 그러기에 칠순을 넘긴 이즘에도 할아버지의 유택에는 수의 조각이 남아 자신의 사랑을 간직하고 있는 것이다.

초등학생이었던 작가는 어린 나이에 할아버지의 수의감을 길쌈했다. 정성 들여 길쌈하며 언제나 말씀하시던 할아버지의 훈계를 떠올린다. 씨줄과 날줄을 음양 관계로 인식하며 할아버지의 교훈을 가슴에 새긴다. 손과 발이 제몫을 다하여 조화를 이룰 때 베는 짜여짐도 터득한다.

어린 나이에 수의감을 김쌈하며 기뻐하는 모습에서 작가가 얼마나 할아버지를 신뢰하고 의지하며 살았는지 알 수 있다. 할아버지의 깊은 사랑에 보답한다는 흐뭇함도 있었고, 한편 아릿한 아픔이 가슴을 스치기도 했다는 진술에서 작가의 절실했던 어린 시절의 처지를 읽을 수 있다.

이제 할아버지만큼 나이가 되어 그분의 유택을 이장하게 된다. 할아버지의 유해 아래에서 아직도 삭다 남은 자신이 짠 수의 조각을 주워들고 감회에 젖는다. 그 긴 세월 동안 손녀의 사랑을 고이 간직하고 누워 계셨던 할아버지. 그분의 사랑이 가슴 깊이 스며드는 순간이다. 자신의 생활이 이지러지면 가끔씩 음양의 조화에 맞게 살기를 이르셨던 할아버지의 교훈이 강렬하게 전달되고 있음을 깨닫는다.

이쯤 되면 작가가 어떻게 어린시절을 살아냈고, 그로 인하여 삶의 질이 어떻게 변화되어 왔는지를 간파할 수 있을 것이다. 이러한 과정의 파악은 작가 최정윤의 수필세계를 알아보는 데 먼저 가져야 할 기본이 된다. 이러한 작가의 성장과정을 파악하고 접하는 그의 수필세계와 그렇지 못한 상태에서 바라보고 내리는 진단은 커다란 차이를 초래할 수 있다.

3. 작가가 걷는 중용의 길

어린 시절 지대한 영향을 미쳤던 할아버지의 삶은 그대로 작가에게 이어져 있음을 알 수 있다. 할아버지에 대한 신뢰가 노인들에 대한 신뢰로 이어지고, 산을 오르면서도 중용의 이치를 터득하고, 그 길을 걸어가게 한다.

아주 어려서 세상의 이치를 깨닫기도 전에 부모의 부재로 초래된 공백을 채워 준 할아버지. 더구나 손녀의 앞날이 순탄치 않을 것을 예측한 할아버지가 내려준 처방을 무조건 받아들였던 작가로서는 그 할아버지의 존재가 가벼울 수 없으리라. 그러기에 백발의 의미는 사뭇 소중하다.

> 거울을 보며 '젊은 자의 영화는 그 힘이요. 늙은 자의 아름다움은 그 백발이라는 성구를 떠올리며 묵상하곤 한다. 세월 속에서 얻어진 삶의 맛을 음미하면 흰머리의 의미는 사뭇 소중하다. 인생을 나무에 비한다면 흰머리는 가을 단풍이라고 생각한다. 사람들이 즐겨 찾는 아름다운 가을 산의 단풍으로 붉게 타다 떨어져 땅에 거름이 되듯 나 역시 백발이 주는 아름다움을 즐기려 한다.
>
> 백발은 미소다. 그 어린 날 할머니의 미소는 짧은 순간 스쳐 지나갔지만, 그 미소에 담긴 감동 어린 기억이 가슴에 살아 있다. 미소를 잃지 않는 노인으로 살고 싶은 소망을 마음에 꿈으로 엮으며 산다.
>
> — 〈백발송〉에서

백발이 되어 있는 작가가 지금 늙음에 대한 아쉬움이 없이 만족하고 사는 것은 그래도 할아버지에 대한 신앙적 신뢰가 있기 때문이다. 늙은 자의 아름다움을 백발로 단정하고 있다. 그것은 세월 속에서 얻어진 삶의 지혜가 있기에 가능하며, 소중하고 아름다운 것이다. 그 백발을 가을 단풍의 아름다움에 견주는 것도 이런 이치이다. 그래서 작가는 가을 단풍처럼 아름답게 타다가 땅에 떨어져 거름이 되길 소망한다.

백발이 어린 날 짧게 스쳐 지나간 할머니의 미소에 연결되고, 자신도 그렇게 살다가 떠나길 꿈꾸는 것도 역시 할아버지에 대한 추억에서 비롯됨을 알 수 있다.

> 산은 마음의 쉼터이고 활력소였다. 장엄한 산에서 작은 나를 발견하고 힘들게 오른 높은 산의 정상에서 고난 뒤의 승리의 쾌감을 느끼기도 했다. 산에는 모든 것이 저마다 제자리에서 나름의 길을 자연스럽게 간다. 조화와 순응의 질서 속에 평화가 있다. 세상풍정에 피곤한 마음이 쉼을 얻고 나름의 분수와 한계를 가늠하며 자유로움을 얻기도 했다.
>
> — 〈산내음〉에서

산을 오르며 접하게 되는 모든 것들이 작가에게는 제자리를 지키며 제 나름 제 길을 가고 있는 것으로 인식하는 것은 글감을 철저하게 개인적 경험으로 자기화함으로써 얻어진 결과다. 대상을 바라보고 느낀 정서를 작가의 삶에 역류시키거나 여과시킴으로써 자연히 얻어지는 자기 관조의 세계인 것이다. 산에서 작은 자신을 발견하는 것도, 고난 뒤에 쾌감을 느끼는 것도, 조화와 순응의 질서 속에서 평화를 맛보는 것도 그래서 가능하다.

> 산에는 순리의 기쁨이 있었다. 자연의 변화와 섭리에 순응하는 겸손한 생명이 있었다. 산은 많은 생각을 하게 했다. 장벽처럼 다가온 산더미만 한 절망도, 와르르 무너진 자존도 산 앞에서는 보잘 것 없는 것이었다. 모두 포용하며 산이 주는 평화와 관용을

받아들이라 한다.

심신이 고달픈 내게 산행은 청량제가 되었다. 있는 현재의 소중함과 다르다는 것의 조화를 터득하게 해 주었다. 이해의 폭을 넓히며 사회생활을 익혀갈 수 있었다.

– 〈산의 밀어〉에서

할아버지의 존재가 컸듯이 작가에게 있어서 산은 커다란 위안처였다. 늘 끓어오르는 마음을 바로 잡아 주고 순화시켜주는 존재가 산이었다. 산행을 하며 작가가 순리의 기쁨을, 변화와 섭리에 순응하는 겸손을 익히는 것은 산의 포용과 평화와 관용에서 배운 것이다. 세상사에서 받은 산더미 같은 절망도 와르르 무너진 자존도 하잘 것 없는 것임을 알아차린다. 산은 분명 어린 날 의탁했던 할아버지의 자리에 우뚝 서 있다.

얼마 뒤에 다시 갔을 때도 예은이는 반가워했고, 떠나는 나를 배웅해 주었다. 지난번 나의 몰인정을 탓하지 않고 반기는 예은이를 손으로만이 아니라 마음으로 안고 감사했다. 세상이 말하는 장애인, 비장애인을 가볍게 구분해 말할 수 없다는 생각을 한다. 진정 장애인은 누구인가? 자기중심적 이기심에 사로잡혀 이웃을 잃어버린 사람, 사랑을 잃어버린 사람들이 아닌가. 그 종류가 다를 뿐이라는 생각을 한다. 이곳 식구들은 순수하다. 서로 할 수 있는 일을 도우며 사랑한다. 세상에서 볼 수 없는 진실한 사랑이 숨쉬는 집이다.

– 〈소망의 집〉에서

예은이는 서기는커녕 말도 못하는 아홉 살 난 여아이다. 전에 갔을 때에 그녀를 따뜻하게 안아 주지 못하고 돌아온 자신을 책한 끝에 다시 찾아갔다. 설 수도 없어 현관 밖에까지 기어 나와 웃고 있던 아이에게 손만 흔들고 돌아온 야박한 자신의 인정에 부끄러워한다.

얼마 후 다시 왔는데, 그 예은이가 반갑게 자신을 맞아주고 있다. 지난번의 몰인정을 탓하지 않고 반기는 그녀를 보고 진정한 장애인이 누구인가 반문하게 된다. 자기중심적 이기심에 사로잡혀 이웃을 잃어버린 사람, 사랑을 잃어버린 사람들이 바로 장애인이라고 결론짓는다.

4. 작가가 살아가는 공간

작가가 자신이 숨쉬고 있는 공간을 어떻게 받아들이고 있느냐에 따라 대상의 의미화는 상당한 차이를 나타내게 된다. 쉽게 말해서 자신의 공간을 즐겁게 사는 삶터로 인식하는 경우와 짜증나는 공간으로 받아들이는 경우는 현저한 차이가 있다. 그러면 작가 최정윤에 있어서의 공간은 어떤 기능을 하는 곳일까. 몇 편에 드리워진 공간의 이미지를 찾아본다.

먼저 그의 데뷔작인 〈수의 조각〉부터 살펴보자. 도회지에서 살다가 산촌으로 이사 온 대목이다. 작가 최정윤에게 있어 산촌으로 이사 오기 전, 도회지에서의 생활 모습이 전혀 보이지 않는 것은 산촌의 삶이 너무 힘들어서 전의 기억을 덮어버렸기 때문일 수도 있다. 모두가 생소해서 적응하기에도 힘든 산촌마을. 그때 다가온 소리가 베 짜는 소리다. 첫닭이 울기 전에 들려온 청량한 그 소리는 귀를 어루만져 주었다. 새로운 곳에 대한 동경과 기대감이 이렇게 표현되어 있다. 그러나 그 신기함은 산촌생활에 어수룩한 만큼 멀리 들렸다. 점차 시골생활에 익숙해지면서 그 소리는 가깝게 다가온 것은 당연하다. 처음 이사한 공간이 은근히 기대되는 곳이었고, 새로움에 대한 설렘 같은 면도 조금은 있는 듯하다. 그것은 베 짜는 소리가 가슴에 울림으로 다가왔다는 기록에서 추측된다.

〈할아버지의 알밤 한 톨〉에서는 이사 온 후 서서히 집안에 암운이 깃들기 시작함을 암시한다. 이 시대의 사상적 소용돌이 속에서 희생된 아버지. 아버지의 부재로 빈 공간에는 칠십을 바라보는 조부모님과 몸이 약하신 삼십대 초반의 어머니, 그리고 어린 사남매. 이들이 작가 최정윤의 무대에 나오는 등장인물들이다. 어느 하나 제 구실을 할 수 없는 인물들이다. 여기서 어린 최정윤의 극에서의 역할은 짐작된다. 최정윤이 살아내야 하는 공간은 앞이 막막하고 처절한 곳이다.

그래도 어린 최정윤은 맏이로서 책임의식을 가지고 힘든 삶의 길에서 오뚝 서고자 한다. 바뀐 환경에서 느껴야 했던 심적 아픔과 경제적 고통도 강한 의지로 이겨내려 한다. 그러나 그를 힘들게 한 것은 이런 문제가 아니었다. 한 가정이 몰락하는 데 편승한 무지하고 무서운 인심의 배반이었다. 그의 공간이 부정적으로 작용한 커다란 이유이다. 서서히 가문의 그림자가 어두워짐을 암시하는 대목이다.

또 〈고가〉에서는 어린 최정윤으로서는 감내하기 어려운 공포에 가까운 무서움이다. 마을 주민들이 익숙할 무렵 알게 된 사실. 자신의 공간이 귀신의 공간이었던 것이다. 도깨비가 밤마다 방아를 찧고, 이사 오는 사람마다 죽어나가야 하는 공간이다.

거침없이 밀려오는 가문의 퇴락을 암시한다. 자신들이 도회지에서 밀려와 살게 된 집이 귀신이 나오는 흉가이고, 사악한 뱀이 출현하는 곳이다. 처음에는 알려주지 않다가 좀 지나자 이웃들이 들려준 이야기는 어린 최정윤이 살아내기엔 너무도 벅찬 공간이었던 것이다. 이사 온 이가 죽어나간다는 흉가에서 피할 수 있는 능력도 없이 그대로 받아들여야 했던 삶의 공간. 그것은 어쩌면 작가가 처했던 엄연한 현실이었던 것이다.

설상가상으로 고가古家라서 비가 오려고 하면 구렁이가 처마 밑으로 지나며 음침한 울음을 내는 집이었으니, 얼마나 견디기 힘든 공간이었는지 짐작이 간다. 그곳이 바로 작가 최정윤이 살아내야 하는 공간이었고, 작중 무대였던 것이다.

그러나 어린 최정윤은 심기가 굳었다. 흔들림이 없이 그 공간에서 살아냈다.

어린 시절 듣고 배운 것이 평생을 좌우하고 한 인생의 삶에 빛깔과 방향을 결정한다. 조부모님과 온 가족이 사랑으로 연합하여 살며 익힌 습관은 귀한 유산이고 평생에 무형의 힘이 된다. 사람이 사는 동안 어떤 어려움에 처할 때도 있지만 혼자이면서 혼자가 아니게 무형의 힘이 되어 줌을 체험했다.

요즘은 핵가족으로 변해가고 있다. 부모는 직장에서 시간에 매이게 되어 집에 머무는 시간이 모자라는 가정이 많다. 아이들은 컴퓨터 텔레비전 등과 같은 기계 속에서 산다. 부모와 대화가 없는 아이들이 자칫 정서가 메마르게 되고 폭력에 노출되기도 하며 심지어는 자신의 고민을 이기지 못하고 자살하는 예가 종종 나타난다. 이런 아이들이 조부모님의 사랑과 이야기 속에서 성장한다면 얼마나 좋을까 하는 소망이 스친다.

— 〈무형의 유산〉에서

어린 시절부터 할아버지의 가르침을 따라 삶의 빛깔과 방향을 결정하여 사랑으로 온 가정을 이끌어냈다. 그것이 작가 최정윤에게 귀한 유산이 되었고, 무형의 힘이 되었다. 가족이 함께 어울려 힘이 되어주는 삶의 공간으로 만들어낸 것이다. 작가가 처했던 공간은 아무리 암울해도 조부모님과 함께 한 버팀목이 있는 공간이다. 그러기에 작가 최정윤은 오늘에 와서 핵가족으로 대화를 상실하고 고운 심성을 잃어가는 현실에 메스를 가할 수 있다.

이와 같이 작가에게 있어서 삶의 공간은 사상 구축에 커다란 영향을 미친다. 하지만 같은 현상이라 해도 받아들이는 작가의 수용 자세에 따라 그 결과는 현저한 차이를 나타내게 된다. 똑같은 글감이라 해도 그것을 긍정적 시각으로 바라보느냐, 부정적 시각으로 바라보느냐에 따라 그 결과는 엄청나게 다를 수 있다.

5. 전승문화의 보고

문학 작품의 기능에는 여러 가지가 있다. 그중에 사라져가는 전승문화를 기록하는 기능도 놓쳐서는 안 된다. 지금은 정보화 시대를 맞아 도래하는 새로운 문화로 인해 기존의 것이 심히 훼손되는 상황에 놓여 있다. 조금만 지나면 그 존재를 전혀 찾아볼 수 없을 정도로 훼손의 속도가 빠르다.

그것은 인간의 편리 추구에서 비롯되는 경우가 많다. 조금만 지나면 세계의 문화는 하나로 합일하고, 지역이나 민족의 고유문화는 전혀 찾아볼 수 없도록 되는 것은 아닌지 하는 기우마저 갖게 하는 요즈음이다. 하지만 최정윤의 수필 속에는 우리의 잊혀가는 전승문화가 고스란히 살아 숨쉬고 있다. 어찌 보면 최정윤의 수필은 전승문화의 보고寶庫같이 느껴지기도 한다.

> 내가 초등학교를 졸업할 즈음, 우리 집에서도 할머니가 젊은 시절 경험을 살려 명주, 삼베길쌈을 했다. 할아버지의 수의를 마련하기 위해서였다. 이때다 싶어 수의 감은 내가 짜겠노라고 베틀에 앉았다. 도투마리에 감겨 올려놓은 베실은 잉아올과 사올로 구분되어 참빗살 같은 바디구멍을 통과시킨다. 잉아는 날실을 한 칸씩 걸어서 끌어 올리도록 맨 굵은 실로 잉앗대에 매었다. 발로 베틀신을 앞으로 당기고 풀 때마다 잉아올과 사올이 서로 교차되면서 입을 벌리듯 공간이 생겼다. 그 사이로 북을 밀어 넣으면 씨실이 북 속에 담긴 꾸리에서 풀려나와서 지나간다. 그때 바디를 감싸 안은 바디집을 한 손으로 잡고 앞으로 당기면 짤깍 소리

를 내면서 베가 짜진다. 그 베를 말코에 감고 양쪽 끝에 부티허리 끈을 매어 허리에 두르면 앉을개에 앉아 있는 몸이 균형이 잡히고 짱짱해져서 허리에 힘이 된다. 베를 짜는 것은 단순한 과정의 반복이다. 양손이 북과 바디집을 번갈아 잡아가며 민첩하게 움직이는 협동에서 날줄이 끊기는 일이 없이 베가 짜진다.

— 〈수의 조각〉에서

이제 어디에 가도 길쌈하는 집안은 없다. 베틀도 구경하려면 박물관에 가야 겨우 가능하다. 지금 살아 있는 분들 중에서 어린 날 베틀에 앉아 일해 본 경험이 있는 자도 그리 흔치 않다. 이런 상황에 베 짜던 우리의 전승문화를 기록하고 있는 것이다. 잊혀가는 전승문화를 기록하여 남김으로써 좋은 자료가 되고 있다.

이와 같이 수필은 문학적 기능 외에도 부차적인 기능을 감내하게 된다. 최정윤의 수필에는 옛 문화에 대한 애정이 전편에 걸쳐 산재되어 있다. 베가 짜질 때의 모습을 눈에 보는 듯이 상세하게 그려준다.

그 적엔 요즈음처럼 등산 장비가 편리하게 갖추어지지 못했다. 또 경제적으로 어려운 때라서 파카도 손수 지어 입고, 무거운 텐트의 각목을 배낭에 걸머지고 다녔다. 인원이 많을 때는 커다란 양은솥을 배낭 위에 얹어 둘러메고 다니기도 했다. 요즈음 젊은이들은 상상조차 가지 않는 풍경이다. 빈 커피 병에 김치를 담고, 감자와 양파를 넣은 된장찌개 준비를 해 가면 반찬은 끝이 난다. 어쩌다

> 콩자반과 멸치조림을 가지고 가면 그것은 특찬特饌이다. 그러나 일년에 한번 있는 산악제를 지내는 밤은 먹을거리가 풍성했다.
>
> ― 〈산의 밀어〉에서

등산가는 모습이다. 요즈음처럼 고급화된 장비가 아니고 급한 대로 집안의 살림살이를 둘러메고 산행하던 시절의 이야기다. 기본적인 복장도 갖추지 못하고 손수 기워 입고 산행을 하던 시절의 모습이다. 무거운 텐트는 물론 각목까지 둘러메었던 시절이 있었다. 많은 인원이 움직일 때는 커다란 양은솥까지 배낭 위에 얹어 메고 갔으니, 정말 '그 시절을 아십니까?'다.

반찬도 빈 커피 병에 김치를 담고, 감자와 양파를 넣은 된장찌개면 그만이었던 시절의 이야기다. 콩자반과 멸치조림은 특찬特饌이었던 시절이니 지금은 볼 수 없는 옛 모습이 아닐 수 없다.

> 들판 곳곳에는 새보는 이가 햇볕을 피하는 새막이 있었다. 나는 큰 우산을 가지고 가서 세워진 기둥에 묶어 그늘을 만들고 그 안에 앉아 있었다. …〈중략〉…
>
> 이웃 논의 새 쫓는 아저씨는 긴 장대에 굵게 꼰 동아줄을 묶어 공중에 휘두르다 땅을 친다. 그 소리가 진동하며 울려 퍼져서 근처 새들이 놀라 멀리 달아나 한동안 나타나지 않았다. 그 기구를 '따리'라고 했고 이따금씩 와서 한번씩 치고 나면 해가 저물었다. 저물녘 둥지를 찾아가는 새떼는 헤아릴 수 없이 많아 하늘을 까맣게 수놓았다.
>
> ― 〈참새와의 추억〉에서

수확을 앞둔 들판에서 새를 쫓던 모습이 그려져 있다. 지금이야 공포탄을 쏘고, 난리를 하지만 옛날에는 목청껏 소리를 지르거나 양재기를 두드려야 했다. 가을 햇볕은 뜨거워도 다 된 곡식에 새들이 몰려오니 어쩔 수 없이 들로 나가지 않을 수 없었다. 햇볕을 피해 새막을 짓기도 했고, 세워진 기둥에 큰 우산을 매고 볕을 피하기도 했다.

또 '따리'를 이용하는 사람도 있었다. 긴 장대에 굵은 동아줄을 묶어 공중에 휘두르다 땅을 치던 방법이다. 그러나 이러한 노력에도 불구하고 새떼들은 저녁나절 하늘을 까맣게 물들였으니 그 당시 삶이 얼마나 팍팍했는지 짐작이 간다.

> 치료 방법을 저마다 얘기한다. 곡식을 널어 말리는 멍석에 뉘어 둘둘 말아 놓고 소가 멍석을 넘어 가게 했고, 이른 새벽에 마당 열 바퀴를 기어서 돌게도 했으며, 환자를 마당에 뉘어 놓고 낫으로 그 형상을 그려두고 그 형상의 목에 낫을 꽂기도 했다는 치료법을 내놓는다. 요즘 시대엔 말도 안 되는 미신 같은 소리지만, 궁색한 그 시절엔 이런 모든 방법들은 병이 놀라서 달아나라는 가난한 사람들의 염원이었지 않나 하는 생각이 든다.
>
> ― 〈하루거리〉에서

하루거리를 앓던 모습을 보는 듯이 그려놓았다. 하루거리란 말라리아의 다른 이름이다. 이 병은 여름에서 가을로 접어들 때 어린아이들이 많이 앓던 병이다. 더러는 학질, 초학이라고도 했다. 열이 많이 나고 오한과 두통이 심하여 온몸이 쑤셔서 견디기 힘든 병으로 심하면 헛소리도 하는 병이다. 그러나 하루를 앓고 나면 언제 그랬냐며 멀쩡해진다. 그래서 '하루거리'라 한다. 하루 앓고 일어나면 '한 죽', 이틀 앓고 일어나면 '두 죽'이라 부르던 병이다.

최정윤의 수필에는 이 병을 치료하던 민간요법이 상세하게 그려져 있다. 대개가 병균을 옮기는 역신을 놀랜다는 구실로 상상을 할 수 없는 위험한 처방을 했던 것이다. 지금 생각하면 모두가 어이가 없고, 미신적인 성격이 다분하지만 그 자체가 우리의 질병 퇴치 방법이었던 것이다.

이와 같이 최정윤의 수필 속에는 많은 전승문화가 기록되어 있다. 이 모든 것은 조상들의 문화를 기록 보존한다는 차원에서는 상당한 가치가 있는 일이다. 다시 보기 어려울 우리의 전승문화를 채록함으로써 조상들의 삶의 모습을 세상에 남겨두는 역할을 하게 된다.

6. 나가면서

이상에서 최정윤의 수필세계에 대해 알아보았다. 한 작가에 있어서 그의 유년기가 얼마나 작품에 영향을 주는가를 보여주는 수필이었다.

최정윤의 수필세계는 가정의 내력이 심대하게 영향된 작품세계를 가지고 있다. 일찍이 아버지를 여의고, 할아버지의 슬하에서 성장한 그는 할아버지의 추억을 많이 끌어내고 있다. 〈중용〉에 밝으셨던 조부의 가르침으로 평생 흔들림 없이 가문을 지켜 온 한 여성 작가의 모습이 그려져 있다. 어떠한 어려움에 처해도 그의 곁에는 언제나 할아버지가 계셨다. 그 할아버지의 교육으로 올곧게 삶을 지탱해 온 작가의 일대기에서 우리는 가장의 역할을 다시 한번 짚어보게 되고, 어른들의 말씀이 얼마나 자손들에게 크게 영향을 미치는 있는지도 살펴볼 수 있었다.

지금까지 우리는 한 작가에 있어서 삶에 드리워진 그림자가 쉽게 지워지지 않음을 확인하였다. 어려서 익힌 할아버지의 교훈은 그의 수필 전편에 걸쳐 화두가 되고 있으며, 작가 자신도 적극적으로 의존하고 수용하는 태도를 견지하고 있다.

최정윤의 수필세계는 할아버지에게서 익힌 중용의 길이요. 가족애와 애타심으로 삶을 꾸리는 삶의 가치를 내보인 세계이다. 그러다 보니 매사에 참고 인내하는 한국 여성의 삶을 잘 대변하고 있다.

또 그의 작품 속에는 많은 전승문화가 채록되어 있어서 잊혀가는 조상들의 삶의 모습이 계승 발전하는 자리를 제공해 주고 있다.

최정윤 수필집

산의 밀어 密語

인 쇄 _ 2012년 11월 20일
발 행 _ 2012년 11월 26일

저 자 _ 최 정 윤
발행인 _ 서 정 환
발행처 _ 수필과비평사

출판등록 _ 1984년 8월 17일 제28호
주 소 _ 서울시 종로구 삼일대로 32길 36
(익선동 30-6 운현신화타워 빌딩) 301호
전 화 _ (02) 3675-5633, (063) 275-4000 · 0484
팩 스 _ (063) 274-3131
E-mail _ sina321@hanmail.net
essay321@hanmail.net

값 12,000원

ISBN 978-89-97700-90-5 03810